Hessischer Rundfunk (Hrsg.)

Herrliches Hessen

Hessischer Rundfunk (Hrsg.)

Herrliches Hessen

Mit Reinhard Schall auf Entdeckungstour

schlütersche

Bibliografische Information der Deutschen Nationalbibliothek
Die Deutsche Nationalbibliothek verzeichnet diese Publikation in der Deutschen Nationalbibliografie; detaillierte bibliografische Daten sind im Internet über http://dnb.ddb.de/ abrufbar.

ISBN 978-389993-726-8

Verlag: Schlütersche Verlagsgesellschaft mbH & Co. KG,
Hans-Böckler-Allee 7, 30173 Hannover

Herausgeber: Hessischer Rundfunk

Lizenziert durch hr Media Lizenz- und Verlagsgesellschaft mbH

Koordination: Claudia Scheffler, hr Media Lizenz- und Verlagsgesellschaft mbH
Michael Hofmann, hr Media Lizenz- und Verlagsgesellschaft mbH
Claudia Flöer, Schlütersche Verlagsgesellschaft mbH & Co. KG
Mark Wachsmann, Schlütersche Verlagsgesellschaft mbH & Co. KG

Gestaltung: Michael Fröhlich, Hannover

Satz- und Lithoarbeiten: PER Medien+Marketing GmbH, Braunschweig

Druck und Bindung: Rasch Druckerei und Verlag GmbH & Co. KG, Bramsche

Inhalt

Inhalt

Vorwort

Herrliches Hessen. Hessen ist in der Tat herrlich! Und viele wissen es gar nicht, ja ahnen es nicht einmal. Um so größer ist dann die Verwunderung, wenn Teile dieses herrlichen Hessens freitags im Fernsehen zu sehen sind. »Ach, das ist bei uns?« Diesen Satz habe ich immer wieder bei Begegnungen mit Zuschauern gehört. Oder auch dieser: »Wissen Sie, man wohnt hier wohl, und wir fahren eigentlich auch jeden Tag dran vorbei, aber dass das so schön ist, haben wir noch nie gemerkt«.

Das Prinzip der Fernsehsendung ist so einfach, wie die Produktion manchmal schwierig ist: In der Sendung wird ein Tag – von Sonnenaufgang bis Sonnenuntergang – in einer bestimmten hessischen Region wiedergegeben. Unterwegs bin ich auf einer vorher festgelegten Strecke, die der Zuschauer später »nachvollziehen« kann. Im Mittelpunkt von »Herrliches Hessen« stehen dabei die Menschen mit ihren Eigenheiten, Vorlieben und Geschichten, aber auch die Natur um diesen Ort: schöne Landschaften, Kunst und Kultur, Mundart und Brauchtum.

Und wenn man dann den ganzen Tag unterwegs ist, muss natürlich auch mal gerastet werden – an einem Backhaus, beim Picknick am Bach, in einem lauschigen Wirtshaus. Oder man macht Station bei einem für die Region typischen Fest – mit Musik und kulinarischen Leckereien. Wenn ich ehrlich bin, gehe ich bei meinen eigenen, ganz privaten Ausflügen durch Hessen genau so vor: Ich suche mir ein interessantes Ziel, an dem ich etwas entdecken und lernen kann, ein Ziel, das sich möglichst in einer landschaftlich abwechslungsreichen Gegend befindet. Ich plane von vornherein den Besuch eines bestimmten Wirtshauses ein. Zugegeben: Manchmal bestimmt auch der Appetit das Ziel …

Wir haben in diesem Buch einige Tagestouren für Sie zusammen gestellt – als Empfehlung für Ihre ganz persönliche Entdeckungsreise durch Hessen.

Viel Spaß beim Lesen und Nachreisen,

Ihr Reinhard Schall

Tour 1: Die wunderschöne Rhön rund um Poppenhausen

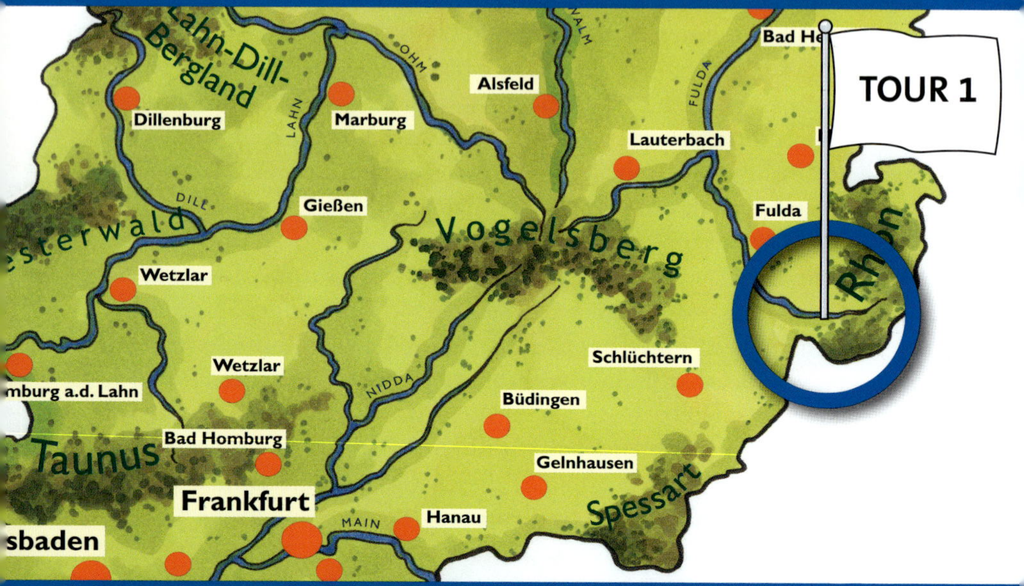

Über die Rhön zu schreiben ist nicht ganz einfach, denn über viele, oft ganz kleine Orte, Berge oder Fleckchen im Wald lassen sich mühelos ganze Bücher füllen. Und die gibt's auch schon. Also richten wir unsere Aufmerksamkeit und Kameraobjektive auf ausgewählte Orte und Begegnungen: ein kleiner Bach, eine besondere Weggabelung im Wald, freundliche Menschen und Geschichten, alle 14 Tage ein »Herrliches Hessen«.

Die Sendung in der Rhön entstand Anfang März in und um Poppenhausen, das bedeutet: Die Tage sind noch kurz, es wird spät hell und früh dunkel. Nun ist die Rhön zwar auch im Dunkeln schön, aber leider nicht im Fernsehen, und trotz moderner Beleuchtungstechnik lassen sich schon rein aus Kostengründen nicht jene Wälder und Täler und Berge ausleuchten, die man bei Tageslicht doch viel besser und schöner erleben kann. Faustregel: Je kürzer die Tage, desto weniger sieht man.

Aber diesem Problem begegnen wir letztlich in jeder hessischen Region und haben uns schon vom Konzept her auf das beschränkt, was man eben an einem Tag rund um einen Ort von Sonnenauf- bis -untergang erlaufen und erfahren kann. Und was wir mit vier Kameras, Ton, Licht und unseren Kollegen können, das schaffen Sie als Leser ganz locker. Sollten Sie zu jenen gehören, die die Welt genussvoll in sich aufnehmen wollen, dann buchen Sie für jede der Touren besser gleich ein ganzes Wochenende.

Dieser Morgen in der Rhön beginnt in einem hölzernen Doppelstockbett der Enzianhütte mit WC und Dusche im Flur. Wer auf Luxus verzichten kann, der sollte sich dieses Hüttenerlebnis unbedingt gönnen. In 830 Metern Höhe lässt es sich nämlich morgens ganz vorzüglich aus dem Fenster schauen – auf das »Land der offenen Fernen«.

Die Wortkombination ist eigentlich eine Erfindung der Tourismusexperten, aber sie hat ihre volle Berechtigung. Sollte nicht gerade dicker Nebel über den Bergen liegen, ist der Blick vom Berg so phantastisch, dass die Vorfreude auf den Tag kein Halten mehr kennt. Zur genaueren geografischen Einordnung: Diese Hütte, betreut von einem der beliebtesten Wirtseheparae Deutschlands, liegt hoch über Dietges – etwa neun Kilometer von Hilders entfernt. Im Haus riecht es nach dem Holz der Wandverkleidungen, die Dielen und Stufen knarren morgens peinlich laut, denn im ganzen Haus ist es noch still. Es gibt natürlich ein Frühstück für Übernachtungsgäste, aber es gibt auch eine erlebnisreiche und ganz frische, knusprige Alternative.

Vor dem Ortseingangsschild von Poppenhausen liegt, wie mit dem Pinsel in den Hang gemalt, der Biohof Gensler. Ein typischer Rhönhof, vielleicht etwas größer als andere. Am halb offenen Kuhstall vorbei gelangt man über den kleinen Parkplatz in den Hofladen. Neben allerlei Fleisch und Wurst von Rind, Schwein und Lamm liegen in den Regalen die gerade im Holzofen gebackenen Brote, Brötchen

Bietet einen grandiosen Blick auf das »Land der offenen Fernen«: die Enzianhütte.

Die Enzianhütte

Echten Hüttencharme, uriges Übernachten und witzige Originalität – diese drei Eigenschaften treffen vor allem auf die »Enzianhütte« zu. Das Haus war in den 50er-Jahren ursprünglich vom Alpenverein am Weiherberg gebaut worden, steht aber seit langem allen offen und ist inzwischen ein sehr beliebtes Ausflugsziel in der Rhön. Bei schönem Wetter findet die Bewirtung auch auf der Terrasse statt. Wirt Georg hat aber auch nichts dagegen, wenn man sein Glas oder seinen Kaffeepott auch bei schlechtem Wetter mit vor die Tür nimmt. Bei klarer Luft ist die Fernsicht beeindruckend.

und Pizzen. Es empfiehlt sich durchaus, das eine oder andere Produkt für den heimischen Verzehr mitzunehmen.

Gebacken wird auf traditionelle Weise in drei Holzbacköfen, und selbst gestandene Bäckermeister werden zugeben: Das ist eine Kunst für sich. Zu den Holzbacköfen kam Christoph Gensler, weil sich der Vater hartnäckig weigerte, das Brot anderer Vertreter der Zunft zu essen. So musste Mutter Gensler die Tradition der Großmutter fortsetzen, und Sohn Christoph durfte damit nicht aufhören – so geht das manchmal. Zudem hat so ein besonderer Backofen auch besondere Eigenschaften: kein Gas-, kein Öl-, kein Stromverbrauch. Abends wird mit Holz (natürlich aus der Rhön) angeheizt und ganz früh am Morgen gebacken.

Verwendet wird nur Roggen- und Weizenmehl aus dem eigenen oder anderen kontrollierten Betrieben, und das Holzofenbrot aus selbst hergestelltem Natursauerteig enthält nicht einen einzigen chemischen Zusatzstoff oder Farbzusatz. Man kann's mit »bio« schon ganz schön weit treiben ... Aber diese Holzbacköfen taugen auch zu ganz anderen Dingen: Sollten Sie mal mit einer Wandergruppe unterwegs sein und den etwas anderen Tagesausklang bevorzugen, wird auf Vorbestellung das Spanferkel im Ofen gebrutzelt. Dazu gibt's dann frisches Brot und Salate.

Nun wird man den Bäcker und Bauern Gensler vermutlich so ohne weiteres nicht treffen, aber man kann ja nach ihm fragen, und wenn er Zeit hat, dann zeigt er gern mehr von seinem Hof. Christoph Gensler ist Bäcker und Landwirt mit Leib und Seele, ein rastloser, der immer in Bewegung bleibt. Er hat den Hof von seinen Eltern übernommen und daraus gemeinsam mit seiner Frau einen Vollerwerbsbetrieb gemacht – in einer Zeit, in der viele Landwirte überwiegend einen anderen Weg gehen müssen.

Morgens muss sich der Landwirt und Bäcker mehrmals umziehen, wenn er zwischen Stall und Backstube pendelt, aber irgendwie scheint das für ihn das kleinste Problem zu sein. Und im Sommer sind die 30 bis 40 Kühe sowieso auf der Weide. Wie gesagt, Christoph Gensler ist rastlos und läuft ständig mit neuen Ideen über seinen Hof. Man kann bei ihm Backseminare absolvieren, da spielt das Alter keine

Die Steinwand

Die Steinwand drei Kilometer nördlich von Poppenhausen ist nicht nur eine Herausforderung für Kletterer jeglichen Leistungsvermögens, sondern auch ein Naturschauspiel besonderer Art: 25 Meter hohe Felsen ziehen sich über einen ganzen Kilometer und man muss nicht unbedingt ein kleiner Luis Trenker sein, um diesen gewaltigen Basaltbrocken zu mögen. Auf einem Wanderweg lässt er sich ganz mühelos in einem Spaziergang von einer guten halben Stunde umrunden. Steinwand, zugleich ein Ortsteil von Poppenhausen, findet man auf jeder besseren Landkarte.

Steinwand – eine Felsformation, die auch jene begeistert, die sie nicht zum Klettern benutzen.

Rolle. Es gibt nämlich ein eigens erfundenes »Erlebnisbacken«. Für Kinder, Eltern, Omas und Opas. Sie sehen, es lassen sich ganze Tage auf diesem Hof verbringen.

Weiter geht's von einer Höhe von 450 Metern hinauf auf 825 Meter, für eine Weile hinaus aus Poppenhausen nach Steinwand. Steinwand, obwohl nur aus ein paar Häusern bestehend, hat immerhin ein eigenes Ortsschild, eine Gaststätte und ein weiteres Schild: Parkplatz Steinwand.

Man muss kein begeisterter Kletterer sein, um diesen Ort zu mögen: Steinwand, dahinter verbirgt sich auch eine sehr spannende Felsformation.

Vom Parkplatz aus schlängelt sich ein kleiner Pfad durch das Unterholz, und dann beginnt das Staunen: ein Kilometer lang, etwa 25 Meter hoch, Basaltbrocken im olympischen Format. Manche sind mit

Poppenhausen macht auch aus der Vogelperspektive eine gute Figur!

Moos bewachsen, andere ragen kahl in den Himmel. Für einige der Steine haben die Rhöner sogar Namen entwickelt, zum Beispiel die »Teufelskanzel«. Mit etwas Phantasie findet man sie sogar, ohne zu wissen, wie sie aussieht.

Schroffe Felsen, zu einem Halbkreis gedrängt, ragen hoch hinauf, zu ihren Füssen Geröll. Für Kletterer ein Paradies: Schwierigkeitsstufen von eins bis acht, aber Vorsicht: Der in der Nähe wohnende Förster hat erzählt, dass er vor allem im Sommer nicht selten die Rotoren des Rettungshubschraubers über seinem Wald hört. Ungeübte sollten Hände und Füße von den Felsen lassen oder zuvor einen Kurs bei der Bergsportschule Rhön in Poppenhausen absolvieren.

Aber auch für Wanderer und Spaziergänger ist die Steinwand ein Erlebnis. Ein mittelschwerer Wanderweg führt einmal um die ehemalige Vulkanspitze herum, und dafür sind je nach Schrittlänge etwa 45 Minuten zu veranschlagen. Mittelschwer bedeutet nicht weiter als – nicht ganz eben. Es sind einige Wurzeln zu überwinden und ein paar kleinere Anstiege. Junge Familien mit der etwas sportlicheren Ausführung eines Kinderwagens dürften keine Probleme haben, die Steinwand zu umrunden.

Wieder zurück in Richtung Poppenhausen erblickt das wache Auge etwa 800 Meter vor dem Ortseingang ein Hinweisschild: »Utes Saftküche«. Natürlich macht Ute Krenzer auf ihrem Bauernhof nicht nur Saft: Aus Rhöner Früchten, Wildfrüchten und Blüten werden Marmeladen und Gelees, Bonbons, Liköre und Brände, Holundersirup und Kräuteressig. Neben dem kleinen Verkaufsraum befindet sich gewissermaßen die Saftmanufaktur, in der Ute Krenzer nach alten Rhöner Rezepturen rührt, kocht und abfüllt.

Wer im Rucksack noch ein Eckchen frei hat: Flaschen und Gläser, nebst Inhalt versteht sich, eignen sich ganz wunderbar auch als Geschenke für Freunde und Bekannte, denn viele der Gefäße haben ganz ungewöhnliche Formen. Da wird die Flasche im heimischen Wohnzimmerschrank ganz schnell zum Objekt: zum Kunstobjekt.

In der Rhön kein geeignetes Restaurant zu entdecken ist eigentlich unmöglich. Es gibt nur wenige, die man an dieser Stelle nicht empfehlen könnte, viele aber sind wahre Paradiese der Gemütlichkeit und deftiger, guter Hausmannskost. Und wenn Sie draußen oder auf der Speisekarte den Begriff »Rhöner Charme« lesen, dann ist damit keineswegs der Charakter der Bergbewohner gemeint. Es handelt sich um die Bezeichnung für eine Vereinigung jener Rhöner Wirte, die sich der Vermarktung regionaler Produkte verschrieben haben.

Auf der Speisekarte findet sich mindestens ein Gericht, dessen Namen man sich übersetzen lassen muss. In alle Regel wird im kleingedruckten Anhang aber wenigstens erklärt, um was es sich etwa handelt. Eins von diesen Gasthäusern ist das Fuldaer Haus, das Wanderheim des Rhönclubs auf der Maulkuppe. Kreisrund steht es am Berg, und die innere folgt der äußeren Form: Wie in der guten Stube sitzt man im Halbkreis, die Speisen sind frisch zubereitet und der Kuchen wird selbst gebacken.

Im Grunde genommen fällt man nach einem Essen in dieser behaglichen Atmosphäre in eine Art Suppenkoma: Man wird von wohliger Schläfrigkeit gepackt und wünscht sich spontan ein Bett herbei, aber ein Spaziergang durch die oft sehr windige Rhön macht schnell wieder munter.

Für Kunstinteressierte übrigens ein Genuss, denn am Fuldaer Haus vorbei führt die Poppenhäuser Kunstmeile, ein Wanderweg mit einer Vielzahl von interessanten Holzskulpturen. Im Gegensatz zu manch anderer Kunst an anderen Wanderwegen fügen sich die Werke ganz wunderbar in die Landschaft ein, so sehr, dass sie manchmal kaum auffallen. An einer Weggabelung kurz vor dem Fuldaer Haus steht zum Beispiel der Riese Mils, und nun werden Ortskundige natürlich entrüstet fragen, warum an dieser Stelle und wenn man doch schon so sehr in der Nähe ist, nichts über die Milseburg geschrieben wird. Also wollen wir das nicht versäumen:

Die Poppenhäuser Kunstmeile zeigt wunderschöne Skulpturen aus Holz.

Die Milseburg, der heilige Berg der Rhön, ist jene Erhebung, auf der sich in grauer Vorzeit der Riese Mils, vom Teufel persönlich angestiftet, mit einem Missionar duelliert und natürlich verloren hat. Also: Ein Fernsehteam mag noch so schnell sein, aber man kann an einem Tag nicht alle Berge der Rhön besteigen, und gerade in diesem Jahr hatten wir so oft über die Milseburg berichtet, dass wir sie in diesem »Herrlichen Hessen« nur aus der Entfernung besichtigt haben. Und sie gehört auch nicht zu Poppenhausen, sondern zur Gemeinde Hofbieber; und dieses Fleckchen wird in einer späteren Sendung behandelt. Bestimmt, schließlich bin ich selbst bekennender Milseburg-Freund.

Menschen, die sich gern mit Geschichte und Geschichten befassen, sei der Autor Gottfried Rehm empfohlen. Professor, geboren in Poppenhausen, und es gibt eigentlich fast nichts, was er über die Rhön nicht weiß. Zum Beispiel, warum rund um Poppenhausen so riesige Grenzsteine stehen und dass der Ort für 50 Jahre mal bayrisch war und der Hang zu den Bayern heute noch immer größer ist als der zu Hessen. Nicht bei allen, aber bei vielen.

Übrigens: Es sind beeindruckend große Grenzsteine. Aber um diesen Umstand gebührend zu würdigen, muss man Grenzsteine sehr mögen. Oft stehen sie kaum sichtbar am Wegesrand, mit Moos überwachsen oder an Feldrainen. Aber wehe, da wird mal einer vom Bauern versehentlich umgeackert, dann brennt in der Gemeinde die Luft. Eine solche Sünde bleibt für gewöhnlich nicht lange unerkannt. In vielen Dörfern Hessens gibt es nämlich alljährlich den Grenzgang, eine fröhliche Wanderung rund um die Gemarkungsgrenze, und spätestens dann kann ein einziger fehlender Grenzstein eine Lawine der Empörung auslösen.

Typisch für die Rhön: die vielen und oft sehr kunstvollen Bildstöcke. Errichtet in der Not oder aus Dankbarkeit. Die Rhön ist katholisch, durch und durch, und deshalb wird man auch immer wieder solchen Bildstöcken begegnen.

Zurück zu unserem Professor, der so viele Rhönbücher geschrieben hat. Er weiß wirklich alles. Nehmen wir zum Beispiel diesen lustigen Namen der Gemeinde. Poppenhausen. Handelt es sich um eine Lautverschiebung? Von Pappe zu Poppe oder von Pope zu Poppe? Hat er irgendwas mit der Landschaft zu tun? Der Luftkurort liegt am Fuße der Wasserkuppe, dem Paradies von Segel- und Gleitschirmfliegern, jenem Berg, dessen Parkplätze bei guten Schneebedingungen hoffnungslos überlastet sind. Man kreist länger als samstags im Parkhaus eines schwedischen Möbelhauses. Links und rechts der Straße türmen sich die zusammengeschobenen Schneemassen, und das Warten auf einen freien Parkplatz am Fahrbahnrand gerät zu einem gefährlichen Unterfangen, während man sich jeden

Die Wasserkuppe samt Wahrzeichen.

erdenklichen Zorn anderer Verkehrsteilnehmer zuzieht. Entweder versucht man also, morgens der Erste zu sein, oder man packt den ganzen Kofferraum voller Geduld und Nervenstärke. Aber wenn es denn geschafft ist, macht es richtig Spaß auf der Wasserkuppe.

Die Busladungen von Tagestouristen verteilen sich so geschickt auf dem Berg, dass völlig unverständlich wird, warum die Parkerei so schwierig war, aber ein Blick in die Gaststätten auf dem Areal und das Geheimnis wäre gelüftet. Ein Spaziergang über die Wasserkuppe ist also durchaus empfehlenswert, und wer sich eine gute Stunde Zeit dafür nehmen möchte, läuft hangabwärts zur Fuldaquelle. Die hat natürlich ihre eigenen Parkflächen.

Das Wahrzeichen der Wasserkuppe, die weithin sichtbare Kuppel, ist zwar inzwischen von der Bundeswehr verlassen, aber noch immer nicht ohne weiteres zugänglich. Vereinzelt gibt es schon hie und da Gruppenführungen, aber über das Konzept der weiteren Nutzung wird in der Rhön noch heftig gestritten.

Von diesem Berg also kann der Ort seinen Namen wohl nicht haben, aber da lächelt der kleine Professor listig und sagt, dass alles ganz anders sei: Einst gab es einen Grafen namens Poppo. Man weiß von ihm aus einer alten Urkunde. Dieser Graf Poppo hat 826 eine Rodung auf dem Gebiet des heutigen Ortes dem Abt von Fulda geschenkt. Und irgendwie ist auf diese Weise alles so gekommen, wie es heute ist.

Überhaupt befand sich früher auf dem heutigen Marktplatz eine wohl gewaltige Burg. Nichts deutet heute darauf hin, jedenfalls nicht überirdisch. Die späteren Ritter von Poppenhausen hatten rund um den Marktplatz ihre Wirtshäuser, jeder das seine, und da war von einer Burg weit und breit nichts mehr zu sehen. Diese Geschichte aus der Geschichte erzählte der Professor im Gasthaus »Stern« am Marktplatz von Poppenhausen. Und an dieser Stelle kam plötzlich der Wirt ins Spiel. Er saß bei Gästen zwei Tische weiter und schlenderte nunmehr zu uns herüber: Wenn er mal kurz ... und er wolle sich auch gar nicht einmischen, aber natürlich gebe es Überreste jener geheimnisvollen Poppenhäuser Burg, schließlich sei er zwischen deren Ruinen groß geworden.

Nanu? Zwar war bekannt, dass Steine der alten Burgkapelle in einen der Gasträume integriert sind, aber dass sich unter dem »Stern« wirklich Reste jener alten Burg verbergen sollten? Eine kleine neugierige Karawane machte sich auf den Weg in die Tiefe, vorbei an Kühltruhen und gestapelten Kisten, dann wurde es dunkel, eine Taschenlampe ging an und erhellte suchend jene Mauern, die einst das Plateau der Burg gewesen sein mögen: drei Meter dick.

Von Raum zu Raum ging es, vorbei an einer steinernden Wendeltreppe, die nach oben ins Nichts führte, und dann in einen Gang hinein, dessen Ende zugemauert worden war. Zwei kreisrunde Löcher in dieser Mauer ließen einen Blick nach draußen zu: Dort lag der Gehweg der Hauptstrasse, gegenüber die Sparkasse und die Tankstelle.

Kleiner Tipp am Rande: Sollten Sie in Poppenhausen an jener Tankstelle Benzin oder Diesel kaufen wollen, schauen Sie vorher nach, ob Sie über genügend Bargeld verfügen. Mit Ihrem guten Namen können Sie dort nämlich nicht bezahlen. Von der Straße aus sieht man in Fußhöhe übrigens diese beiden Löcher. Sie liegen eng nebeneinander in der Mauer, und inzwischen hat sich dort schon mancher ehrfürchtig auf den Bauch gelegt, um ins Innere schauen zu können. Aber von außen sieht man rein gar nichts. Wer so richtig neugierig ist, den führt der Wirt gern durch den Spielplatz seiner Jugend.

Fragt man einen echten Rhöner, so ist der aus dem Stand in der Lage, die Namen aller ringsum sichtbaren Berge aufzuzählen, und das sind einige. Und beinahe zu jedem gehört eine Geschichte, eine Sage oder irgendeine besondere Eigenschaft. Mancher Wandersmann führt, sofern er nicht schon auf GPS umgestiegen ist, gern auch einen Kompass mit sich: Den sollte man ruhig mal auf dem Wachtküppel in 705 Metern Höhe ausprobieren.

Der Wachtküppel wird auch wegen seiner Form der Lausbub der Rhön genannt und macht jede Kompassnadel verrückt. Aber nicht nur wegen der Aussicht und der kleinen Spielerei mit dem magnetischen Wandergefährten sollte man auf diesen Berg. Auch hier gilt: Der Weg ist das Ziel. Zunächst steigt

Der Marktplatz von Poppenhausen – einst stand hier eine mächtige Burg.

dieser Weg leicht an, um dann auf den letzten Metern noch mal so richtig zu zeigen, wo die Wade wirklich sitzt. Und weil wir gerade beim Weg sind: Auf dem Weg zum Wachtküppel kommt man auch am sehr abseits gelegenen Waldgasthof Wachtküppel vorbei, für Freunde überwiegend vegetarischer Gerichte ein dickes Stoppschild. Keine Pommes, kein Jägerschnitzel, dafür viel frisches Gemüse vom Biohof um die Ecke und idyllisch im Wald gelegen.

Wir haben unseren Ausflug an diesem Tag übrigens da beendet, wo wir ihn begonnen haben: in der Enzianhütte beim Schorsch im Schnee. Die Hütte sieht man dem Haus des Alpenvereins nicht an. Gewaltig steht sie am Berg mit dunklem Holz verkleidet. Geht man um das Haus herum, gelangt man auf die Terrasse mit dem schönen Ausblick. Zehn Grad minus zeigte das Thermometer draußen, aber drinnen in der Gaststube war es kuschelig warm. Holztische und -stühle, die Wandverkleidung natürlich auch aus Holz, das eine oder andere Gehörn an der Wand, Zeitungsausschnitte und Fotos: Man spürt, dass man auf einem Berg ist.

Die Enzianhütte hat übrigens eine richtige Fangemeinde, aber es macht gar nichts, wenn man als Fremder dazu kommt. Schorsch sorgt schon dafür, dass der Neue umgehend eingemeindet wird. Es geht fröhlich zu, und zu später Stunde auch laut. Eine besondere Spezialität ist der sogenannte »Dosenwilli«: Williams Christ in kleinen Döschen. Das trinkt sich etwas seltsam und sehr ungewohnt aus der flachen Dose, und auch mit dem Anstoßen ist das

Informationen auf einen Blick

Tourist Information Poppenhausen
Von-Steinrück-Platz 1
36163 Poppenhausen
Telefon 06658 960013
Telefax 06658 960022
E-Mail info@poppenhausen-wasserkuppe.de
www.poppenhausen-wasserkuppe.de

Weitere Informationen zur Region

Enzianhütte
Georg und Birgit Koch
36115 Hilders/Dietges
Telefon 06658 319
Telefax 06658 1602
E-Mail info@enzianhuette-rhoen.de
www.enzianhuette-rhoen.de

Auf einem kleinen Höhenrücken zwischen dem Brand- und Scheppenbachtal an den Hängen des Weiherberges (786 m) gelegen.
Öffnungszeiten: Montag bis Sonntag ab 10 Uhr, Dienstag Ruhetag außer an Feiertagen; Weihnachten und Neujahr geschlossen.

Biohof Gensler
Bauernladen & Bauernhofbäckerei
Christof Gensler
Hohensteg 5
36163 Poppenhausen
Telefon 06658 1595
Telefax 06658 1598
E-Mail service@bio-hof-gensler.de
www.bio-hof-gensler.de

Ladenöffnungszeiten:
Dienstag bis Freitag 9–18 Uhr,
Samstag 8–18 Uhr,
Montag Ruhetag.

Klettern an der Steinwand
Bergsportschule Rhön
Uschi und Rainer Griebel
Kletterzentrum
Georgstraße 23
36163 Poppenhausen
Telefon 06658 275
E-Mail bergsportschule@aol.com
www.bergsportschule-rhoen.de

Panorama-Nordic-Walking
Von April bis Oktober werden von der Tourist Information in Poppenhausen (siehe oben) 1x im Monat Schnupperkurse angeboten. Gruppen können auf Anfrage individuelle Termine vereinbaren. Durchgeführt werden alle Kurse von einem professionellen Nordic-Walking-Trainer.

Ute's Saftküche
Ute Krenzer
Öttersbach 2
36163 Poppenhausen-Steinwand
Telefon 06658 919545
Telefax 06658 919544
www.saftkueche.de
Produkte aus Rhöner Obst.
Öffnungszeiten: Freitag und Samstag 10–12 Uhr und 14–18 Uhr und nach telefonischer Vereinbarung.

»Rhöner Charme«
Gasthof-Landhaus Kehl
Eisenacher Str. 15
36142 Tann-Lahrbach
Telefon 06682 387
Telefax 06682 1435
E-Mail Landhaus-Kehl@t-online.de
www.rhoener-charme.de

Fuldaer Haus
Manfred und Elisabeth Laudenbach
Maulkuppe 1
36163 Poppenhausen,
OT Steinwand
Telefon 06658 242
Telefax 06658 1792
www.rhoenline.de/fuldaer_haus
Montag Ruhetag.

Landgasthof »Goldener Stern«
Hauptstraße 22
97490 Poppenhausen
Telefon 09725 71070
Telefax 09725 710713
E-Mail
geniessen@Stern-Poppenhausen.de
www.Stern-Poppenhausen.de
Öffnungszeiten: Dienstag bis Donnerstag und Samstag 10–14 Uhr und ab 17 Uhr, Freitag ab 17 Uhr, Sonntag ab 10 Uhr durchgehend, Montag Ruhetag.

Waldgasthof Wachtküppel
Tagungshaus, Gasthof, Pension
Steinbruch 1, 36129 Gersfeld/Rhön
Telefon 06654 323
Telefax 06654 7935
E-Mail info@wachtkueppel.de
www.wachtkueppel.de
Öffnungszeiten:
Mittwoch bis Freitag 18–1 Uhr,
Samstag und Sonntag 11–1 Uhr.

Weitere interessante Webadressen aus der Region

www.rhoen.de
www.rhoenline.de
www.biosphaerenreservat-rhoen.de

Tour 2: Unterwegs am Rhein um Rüdesheim und Lorch

Der Rheingau, das ist jene manchmal steil zum Rhein abfallende Landschaft, die Dichter und Maler beflügelt hat, manchmal Schauspieler und hin und wieder sogar Politiker. Die Anzahl der Kulturdenkmäler gleicht etwa der der Weingüter, und die Geschichte dieses rechtsrheinischen Gebietes, in dem die Sonne immer ein bisschen öfter scheint als anderswo, ist reich an Fakten, Zahlen und Anekdoten.

In diesem Kapitel alles zu erwähnen, was da an Sehenswürdigkeiten zwischen Rüdesheim und Lorch liegt – das ist schlicht unmöglich. Wir haben mit dem »Herrlichen Hessen« den schönen Rheingau im Frühjahr und im Herbst besucht, haben mit Winzern und Schiffern geredet, mit Jagdpächtern und Hoteliers, mit Natur- und Musikliebhabern. Unsere Stationen lagen in den Weinbergen, in der Adlerwarte neben dem Niederwalddenkmal, auf dem preisgekrönten Rheinsteig und im Wispertal, und wir sind weit hinaufgefahren ins Rheingaugebirge.

Oben, auf dem Niederwald hoch über dem Rhein und Rüdesheim steht sie, die Germania, mehr als zehn Meter hoch, und das auf einem Monument, das an sich schon 38 Meter misst. In diese Figur hat man im 19. Jahrhundert alles hineingepackt, was Deutschland nach außen und innen symbolisieren sollte, eine große üppige Frauengestalt, wehrhaft wie die Walküre und beschützend wie die deutsche Mutter. Die Spuren ihrer Entstehung als eine Art nationaler Personifikation beginnen in der römischen Kaiserzeit. In dem lang gezogenen Rheinbogen jedenfalls ist die steinerne Germania nicht zu übersehen und beinahe allgegenwärtig.

Von Rüdesheim also kennt man vor allem das Niederwalddenkmal. Und vielleicht ein Stückchen von der »Wacht am Rhein«?

»Er blickt hinauf
in Himmelsau'n,
wo Heldenväter niederschau'n,
und schwört mit stolzer
Kampfeslust:
Du Rhein bleibst deutsch
wie meine Brust!«

Max Schneckenburger dichtete »Die Wacht am Rhein« 1840, in großer Furcht vor einem neuen Krieg mit Frankreich. Da kann man die Sache mit der deutschen Brust und den Heldenvätern schon verstehen. Aber nur wenige lesen die Inschrift auf dem Denkmal, dessen Grundstein 1877 gelegt wurde. Die meisten zieht es ganz fix auf die Vergnügungsmeile von Rüdesheim, die Drosselgasse mit ihren Restaurants und Bars, den Weinläden und Souvenirgeschäften.

Wenn jemand ein Souvenir aus Deutschland sucht: In Rüdesheim findet man sie alle, vom hessischen Bembel bis zum bayrischen Maßkrug, von der Schwarzwälder Kuckucksuhr über das Schweizer Messer bis zur kompletten Ritterrüstung, gar nicht zu reden von einer erdrückenden Anzahl weihnachtlicher Accessoires und Devotionalien – egal, ob nun Weihachten ist oder Frühling.

Dieses seltsam anmutende Geschäftsgebaren hat auch etwas zu tun mit unseren Gästen aus Fernost. Die haben auf einer Europareise eben nur diesen einen Deutschlandaufenthalt, und der ereignet sich eben mitunter genau in Rüdesheim. Touristischen Statistiken zufolge verbringen Japaner in der schönen Stadt am Rhein durchschnittlich 42 Minuten. Und wenn man die Zeit für's gegenseitige Fotografieren abrechnet, dann bleibt für einen

Das Niederwalddenkmal mit der 10,5 Meter hohen Statue der Germania.

Rüdesheim – idyllisch gelegen am Rhein.

echt deutschen Einkauf nicht mehr viel übrig.

Das Gesicht der Drosselgasse früh um sieben ist ein völlig anderes: verschlafen, vergittert, verstummt. Die Stille wird nur ab und an gestört durch einen der etwa 300 Güterzüge, die hier täglich am Rheinufer entlangdonnern. Aber im Innenhof vom Lindenwirt hört man die kaum und erst recht nicht in einem der riesigen alten Weinfässer, die dort stehen und in denen man übernachten kann: gut zwei Meter hoch, oval mit einer dicken, aber kleinen Tür. Innen gibt es links und rechts neben dem knappen Durchgang zwei schlanke Bettchen. Übergewichtige sollten also unbedingt ein Hotelzimmer buchen. Im hinteren Teil zeigt sich in Form eines kleinen Anbaus der ganze Luxus eines Weinfasses: Waschbecken, Spiegel, Dusche, WC. Originell, rustikal und preiswert. Wer einen Gesamtblick auf die Stadt werfen möchte, kann dies von oben tun, vom schon erwähnten Denkmal; ein ganz anderes Panorama eröffnet sich, wenn man auf den Rhein hinausfährt.

Es gibt nicht nur die Autofähre, die Rüdesheim mit Bingen auf der anderen Seite des Flusses verbindet, sondern auch ein Personenschiff-

Beliebter Anziehungspunkt für die Touristen: die Drosselgasse.

chen, das in regelmäßigen Abständen den Rhein überquert, die »Stadt Bingen«. Wer sich mit Schiffsformen ein wenig auskennt, sieht sofort, dass es sich um einen älteren Jahrgang handeln muss, Baujahr 1933: gerade nach oben hochgezogener Steven, hoher Deckaufbau an Bug und Heck, der hintere Teil des Schiffes wird von einer Plane bedeckt. Nur zum Bug hin gibt es eine Kabine, die wirklich Schutz vor Wind, Regen und Kälte bietet.

Mittschiffs im Steuerhaus steht einer, der seit genau 50 Jahren auf dem Wasser zuhause ist und genau so aussieht, wie man sich einen echten Seemann vorstellt: breitschultrig mit kurzem Nacken und vom Wetter gegerbten Gesicht. Aber vor Klaus Feist müssen sich allenfalls manche Sportbootpiloten fürchten, wenn sie nicht ganz nüchtern in voller Fahrt an der kleinen Fähre vorbeirauschen und sie so arg ins Schaukeln bringen, dass schon manch kleinerer Passagier an Bord umgefallen ist. Diesen Hobbykollegen würde er am liebsten eine »batschen«, sagt er in vollem Ernst, und eine Vorstellung von den darob eintretenden Schmerzen fällt angesichts der Schulter- und Oberarmmaße von Herrn Feist nicht schwer.

Aber an diesem Tag erscheint kein Rhein-Rowdy, und ungetrübt und sanft geschaukelt ist der Blick auf die Stadt zwischen Fluss und Denkmal: die Ruine der Burg Ehrenfels, die Brömserburg, die Uferpromenade, die Kirchturmspitze. Rheinromantik mit Niederwalddenkmal. Da wollen wir hinauf, aber nicht direkt zur Germania, sondern ein paar Meter in ihren Rücken zur Adlerwarte.

Wer es gerne kuschelig hat, kann günstig in den zu Hotelzimmern umgebauten Weinfässern übernachten.

Ein hoher Zaun aus dichtem Holz, wie eine römische Palisade, in der Mitte ein großes Tor, darüber das Schild – »Adlerwarte«: Hier regiert Monika Döring. Jetzt geht sie mit einem Eimerchen voller Küken von einem ihrer Lieblinge zum anderen: Bussarde, Falken, Schnee-Eulen, Gänsegeier und Adler.

Vor allem Adler. Einer von denen schreit fürchterlich laut. »Der ist eifersüchtig, mit dem bin ich seit 25 Jahren verpaart«, sagt die Frau mit dem munteren Redefluss. Wie, verpaart? – Ja, er liebt sie eben, und so eine Adlerehe hält ein Leben

Von der Burg Ehrenfels sind die bis zu viereinhalb Meter dicken Mauern und zwei 33 Meter hohe Ecktürme erhalten.

lang. Ein Adlerweibchen an seiner Seite würde er vermutlich töten.

Andere hatten als Kind vielleicht einen Wellensittich, Monika Döring hatte schon im Kindergartenalter einen Turmfalken, und seit 1968 ihr Vater die Station gegründet hat, kann sie gar nicht anders. Noch ein paar Wochen in den Frühling hinein, dann wird sie mit einigen wieder fliegen gehen, das heißt, dann gibt es am Niederwalddenkmal öffentliche Flugstunden mit Frau Döring und ihren Lieblingen.

Ein Stück weiter in den Wald hinein, und man gelangt nach vielleicht einem halben Kilometer an eine alte Tunnelkonstruktion aus Bruchsteinen. Das Bauwerk verläuft im Zickzackkurs knappe zwei Meter über dem Waldboden und mündet nach etwa 30 Metern in einen runden Pavillon. Das ist der Zaubertunnel. Der Landschaftspark Niederwald ist den Rheingauern gut bekannt, und beinahe jeder hat sich als Kind schon durch den Zaubertunnel getastet.

Am Zaubertunnel treffen wir Klaus-Peter Ohlig, den Lindenwirt, Winzer und Rheingauer mit Leib und Seele. Außerdem ist der Niederwald sein Jagd- und Wissensgebiet. Alles begann, erklärt Herr Ohlig, 1764 mit dem Bau eines Jagdschlosses in diesem Wald. Zehn Jahre später ließ Graf Karl Maximilian von Ostein eine Reihe weiterer Bauwerke errichten, zu denen auch der Zaubertunnel gehörte. Eine Art romantischer Vergnügungspark wurde es, und wer den Zaubertunnel (besser mit Taschenlampe!) gebückt durchquert, bekommt eine Vorstellung von diesem Vergnügen.

Nach der kantigen und sehr unebenen Dunkelheit des Tunnels folgt die Aussicht aus der Zauberhütte, jenem kleinen Pavillon am Ende des Tunnels. Von dort blickt man auf die andere Rheinseite und sogar zur Burg Rheinstein. Zu Grafens Zeiten, erklärt Herr Ohlig, saß auf dem Weg zur Rossel immer ein Eremit. Der gehörte sozusagen zum Personal des adligen Vergnügungsparks und wurde für seine Einsiedelei bezahlt.

Der Weg zur Rossel führt steil nach oben, aber die kleine Mühe wird sofort mit einem grandiosen Blick auf das Rheintal und das

Binger Loch belohnt: Hier tritt der Rhein in den Canyon ein. Für ihn ist es einer der schönsten Plätze im Rheingau, sagt Herr Ohlig. Die Rossel ist ein weiteres der gräflichen Bauwerke, eine künstliche Burgruine. Den Namen hat sie vom Gestein, das überall in den Weinbergen verstreut herumliegt. Das wurde von den Winzern zu Haufen aufgeschichtet und heißt eben mundartlich Rossel.

Wenn Sie ein Herz für Musik haben, Musikgeschichte und vielleicht sogar Musikinstrumente, dann dürfen Sie am Brömserhof auf gar keinen Fall vorbeigehen. In einer Zeit, in der Musik überwiegend und sehr digital in Nullen und Einsen zerlegt wird, um sie zuhause hören zu können, ist es geradezu sensationell zu beobachten, dass das auch mit Löchern in einer Papierrolle funktioniert.

Siegfried Wendel, ein großer Mann mit weißem Bart, zieht vorsichtig aus einem Regal eine längliche Schachtel, öffnet sie und nimmt eine Papierrolle heraus. Die hat die Größe einer Faxrolle und wird in einen riesigen Kleiderschrank eingelegt. Der Kleiderschrank hat an der Stirnseite eine Klaviertastatur und darüber einen wahrhaft monströsen Aufsatz mit jeweils links und rechts hervorstehenden Wölbungen. Und wenn man die gewölbten Türen öffnet, kommen keine Kleider zum Vorschein, sondern eine höchst merkwürdige Konstruktion aus jeweils drei Violinen, Metallringen, die sich um die Violinen drehen, und schwarzen Schläuchen.

Der große Schrank spielt Rigoletto, sehr laut übrigens. Dieses »Hupfeld Phonoliszt Violina« mit sechs Geigen wurde ab 1913 gebaut, und die »Faxrolle« mit den vielen Löchern sagt der Maschine, was sie spielen soll. So ein mechanisches Zauberorchester konnten sich damals (und heute vermutlich

Der Zauberwald

Ein schöner Spaziergang führt oberhalb von Rüdesheim vom Niederwalddenkmal mitten hinein in diesen, im 18. Jahrhundert als englischen Landschaftspark angelegten mystischen Wald. Ein Gang durch die Zauberhöhle gehört zu den heiteren Augenblicken dieser Wanderung, der Aufenthalt an der Rossel mit ihrer grandiosen Aussicht in das Rheintal ist ein Muss. Ein schöner Halbtagsausflug: von Rüdesheim aus mit der Seilbahn nach oben fahren, in Richtung Assmannshausen wandern und mit dem Sessellift wieder nach Assmannshausen hinunter schweben.

Besonders bei Kindern beliebt: der Zaubertunnel.

auch) nur Millionäre leisten. Das einzige noch existierende Gerät dieser Gattung war nicht mehr spielfähig, also haben Herr Wendel und sein Sohn es Stück für Stück auseinandergenommen und Millimeter für Millimeter nachgebaut: Feinmechaniker, Pneumatiker, Tischler, Lackierer, die beiden sind alles in einem und bauen in mehreren Werkstätten. Zehn Jahre hat das gedauert. In Siegfrieds Mechanischem Musikkabinett stehen mehrere Hupfelds und noch 300 andere Musikmaschinen, von der zierlichen Spieluhr bis zum tonnenschweren Orchestrion.

Mit der Niederwald-Seilbahn Assmannshausen kommen Sie nicht nur äußerst bequem voran – Sie genießen vor allem einen tollen Blick über die Weinberge.

Etwa zehn Kilometer rheinabwärts und nördlich von Rüdesheim liegt an die Hänge des Rheingaugebirges geduckt die Stadt Lorch. Ausgestattet mit üppigen landschaftlichen Reizen, aber auch mit einem Handicap: Der allgegenwärtige Bahndamm wirkt wie eine Festungsmauer zwischen Fluss und Stadt; beinahe so, als wäre Lorch weggeschlossen. Wir sind im Herbst unterwegs entlang des Wispertales, auf dem Rücken des Rheingaugebirges und auf dem viel gepriesenen Rheinsteig.

Von Heideküppel im westlichen Taunus macht sich über fast 30 Kilometer die Wisper auf den Weg, um in Lorch im Rhein zu verschwinden. Aber auf diesem Weg vollbringt der kleine Fluss wahre Naturwunder: Das kurvenreiche Tal mit der engen Straße sorgt hinter jeder Ecke für Überraschungen und ist bei jeder Jahres- und Tageszeit ein Genuss. Leider gibt es keinen Wanderweg, und die schmale Asphaltstraße ist für Fußgänger nicht ungefährlich. Und leider begreifen einige Motorrad- und Autofahrer den Weg vorbei an den einladenden Gaststätten wie Laukmühle, Kammerburg und der Alten Villa mehr als Rennstrecke, aber gerade in den Abendstunden ist schnelles Fahren nicht eben empfehlenswert. Da steht schon mal eine kleine Rotte Wildschweine auf der Gass', oder das eine oder andere gehörnte Getier.

Bekannt ist die Wisper auch für ihre Forellen, die man im ganzen

Rheingau auf beinahe jeder Speisekarte findet. Aber auch Lachse fühlen sich seit einigen Jahren wieder heimisch. Von der Straße aus sind die Wasserbauwerke, die den Fischen das Hochklettern gegen den Strom ermöglichen sollen, kaum zu sehen.

Wer vor dem Rhein noch etwas Einsamkeit, eine völlig andere Landschaft und frisches Holzofenbrot begehrt, sollte freitags unbedingt kurz vor Lorch rechts nach Ransel abbiegen. Hat man nach vielen engen Kurven den Kamm erreicht, wähnt man sich eher in der Rhön und weniger in der Nähe des Rheins.

Hier oben liegen die Rheinhöhendörfer, von Wanderern sehr geliebt, aber vom Rheintourismus verschont – es sei denn, das Freilandmuseum in Ransel veranstaltet eines seiner beliebten Feste, oder es ist gerade Freitag. Dann nämlich backen im Museumsbackhaus Albert Schwarz und seine Freunde, was das Zeug hält. Runde oder lange, aber immer sehr leckere Brote mit einer Bilderbuchkruste.

Herr Schwarz klopft auf das frische Brot. Wenn es richtig hohl klingt, dann ist es gut. So ein Steinofen verlangt viel Liebe und eine beinahe wissenschaftliche Herangehensweise, damit das Öfchen auch wirklich ausdauernd seine 240 Grad Backtemperatur hält. Und jeden Freitag zwischen 14 und 14.30 Uhr beginnt der Verkauf in malerischer Umgebung zwischen vielen anderen musealen Schätzen.

In der Rüdesheimer Region wird hervorragender Wein angebaut.

Oberhalb von Lorch führt an der Ruine Nollig, einem Teil der einstigen Stadtbefestigung von Lorch, einer der schönsten Wanderwege Deutschlands vorbei: der Rheinsteig, 320 Kilometer von Wiesbaden über Schlangenbad, Rüdesheim und Koblenz bis nach Bonn. Und oben vom Nollig hat man eine dieser gigantischen Aussichten auf den Vater der deutschen Flüsse und auf Lorch.

Ute Grassmann ist in Lorch geboren, begeisterte Naturschützerin, Wanderführerin auf dem Rheinsteig und Mitautorin eines tollen Wanderführers. An dieser Stelle steht sie besonders im Herbst sehr gern. Wenn die Nebel über dem Tal liegen, die Weinblätter sich rötlich färben und die Weinlese beginnt – das ist die schönste Jahreszeit, sagt sie. Und der Rheinsteig, der 2006 zu Deutschlands beliebtestem Wanderweg gewählt wurde, ist an dieser Stelle nur mühsam zu bewältigen.

Freistaat Flaschenhals

Diesen Freistaat gab es wirklich. Von 1919 bis 1923 existierte dieser wohl einzigartige Kleinstaat rund um die Hauptstadt Lorch und mit eigenem Notgeld. Den verbündeten Amerikanern und Franzosen ist beim Festlegen ihrer Besatzungszonen auf der Landkarte vermutlich ein Fehler unterlaufen. Jeder schlug auf der Karte mit dem Zirkel um Mainz und Koblenz einen Halbkreis von 30 Kilometer Radius, aber bei Lorch überlappten sich diese Halbkreise nicht mehr und hinterließen einen freien Raum. Straßen ins unbesetzte Deutschland existierten nicht, die Versorgung der etwa 8.000 Freistaatbewohner war nicht leicht und der Schmuggel blühte. Heute erinnert eine Initiative von Winzern und Wirten mit besonderen Speisen, Getränken und einem Freistaatpass an die wilden Zeiten. Als Freistaatbürger mit der doppelten Staatsbürgerschaft genießt man beispielsweise ein Jahr lang Sonderkonditionen beim Weinkauf.

Nicht etwa wegen üppiger Steigungen, die beginnen erst hinter Lorch, im engen Mittelrheintal, nein, sagt sie mit einem Lachen, im Herbst kommt man einfach an keinem der vielen Gutsausschänke vorbei.

Von denen gibt es beinahe so viele wie Trauben, die an den oft sehr steilen Hängen gerade gelesen werden. Wer nicht wirklich sicher auf den Beinen ist, sollte besser nicht den Versuch unternehmen, zwischen den Weinstöcken auf dem Schieferboden bergauf oder bergab zu klettern. Bei der Lese verwenden die Winzer für die Trauben in den Steillagen Plastikschalen, die dann mit einer Seilwinde den Berg hoch gehievt werden – ein schwieriges Geschäft.

78 Prozent der Weinanbaufläche im Rheingau sind fest mit Riesling belegt, 6 Prozent mit anderen Weißweinsorten – bleiben etwa 16 Prozent für Spätburgunder und andere Rotweine. Und diese Rotweine gelingen auch infolge des Klimawechsels immer besser. Der hoch aufgeschossene und hagere Gerald Ottes aus Lorch mit seinem Humor, der noch trockener ist als seine Rotweine, hat in den letzten Jahren große Erfolge mit seinen Roten gefeiert: Zwei »Erste Gewächse« sind ihm gelungen – ein Qualitätssiegel im Rheingau für absolute Spitzenweine.

Diesen besonders geadelten Roten wird man zwar in Ottes Lorcher Gutsausschank zwar kaum auf die Zunge bekommen, dazu sind sie viel zu schnell ausgetrunken, aber auch die anderen sind erstklassig. Und dann gibt es in diesem Ausschank noch eine Besonderheit: Gerald hat auf der Weinbauschule seine Frau kennen gelernt, die Tochter eines Weinhändlers aus Osaka, der sich die Zukunft seines Kindes bestimmt anders gedacht hatte.

Fumiko Ottes arbeitet nicht nur als Mikrobiologin und Winzerin, sondern sie bereichert den Ausschank, dicht über dem Lorcher Bahnhof gelegen, um eine exquisite Symbiose: Sushi zum Wein. Sushimachen hat sie von ihrer Großmutter gelernt und wenn Ihnen jemand sagen kann, welches Sushi am besten zu welchem Wein passt, dann ist es Fumiko.

Lorch ist eine sehr alte Stadt. Aus der Basilika, die schon im 12. Jahrhundert gebaut wurde, wuchs später der Chor und danach das Hauptschiff der Kirche von Lorch. Leider brauchte im 19. Jahrhundert ein Pfarrer dringend Geld für die Renovierung des Bauwerks und verkaufte deshalb die meisten Kunstschätze. Glücklicherweise hat er nicht alles losschlagen können, und so blieb neben einigen anderen bedeutenden Werten der Schnitzaltar aus dem Jahr 1483 erhalten.

Wenn die entsetzlich lauten Güterzüge der Deutschen Bahn auf der anderen Rheinseite fahren würden, gäbe es kaum etwas Schöneres als einen Spaziergang zwischen Bahndamm und den alten Häusern dahinter, von einer Straußenwirtschaft zur nächsten bis zum Marktplatz mit der Kirche. Dieses kleine Lorch war einst sogar die Hauptstadt eines Freistaates; das Wappen findet man an vielen Häusern. Nach dem Ersten Weltkrieg haben Amerikaner und Franzosen beim Abstecken ihrer Einflussgebiete einen kleinen Fehler gemacht:

Vielleicht weil die einen in Meilen und die anderen in Kilometern rechneten, blieb zwischen den beiden Alliierten plötzlich nach der Aufteilung ein schönes Plätzchen frei. Das war von 1919 bis 1923 der seiner Form wegen sogenannte »Freistaat Flaschenhals« – mit eigener Regierung und Währung, deren Beschriftung manchmal bei den Franzosen für einigen Ärger sorgte: Da steht auf einem der 50-Pfennig-Scheine: »Als der Franzmann zog zum Rhein, ging vom Nollig viel Gestein.«

Da die Militärs das Gebiet hermetisch abgeriegelt hatten, lebte man in und um Lorch überwiegend vom Schmuggel, aber in einem besonders harten Winter, als das Brennholz sehr knapp war, klauten die Lorcher den Franzosen einen ganzen Kohlezug aus dem Bahnhof von Rüdesheim. Anschließend ließen sie Lokomotive und Güterwagen ganz langsam wieder zurückrollen, denn eine Besetzung wollten sie nicht riskieren.

Auch, wenn das Wappen es vorgaukelt: Der Freistaat Flaschenhals kam nicht wegen der Trinkfreudigkeit seiner Bürger zu seinem Namen.

Informationen auf einen Blick

Stadt Lorch
Markt 5
65391 Lorch/Rhein
Telefon 06726 180
Telefax 06726 1844
E-Mail info@lorch-rhein.de
www.stadt-lorch-rheingau.de

Rüdesheim Tourist Center
Geisenheimer Straße 22
65385 Rüdesheim am Rhein
Telefon 06722 19433
Telefax 06722 3485
E-Mail touristinfo@t-online.de
www.ruedesheim.de

Weitere Informationen zur Region

Hotel Lindenwirt
Drosselgasse
65376 Rüdesheim
Telefon 06722 9130
Telefax 06722 47585
E-Mail hotel@lindenwirt.com
www.lindenwirt.com
Besonderes Highlight im Hotel Lindenwirt ist das Übernachten in Weinfässern.

Bassenheimer Hof
Adolf Störzel
Oberstraße 25
65385 Rüdesheim
Telefon 06722 4091792
Telefax 06722 47505
www.weingut-adolf-stoerzel.de
Weinproben, Weinverkauf, Weinwanderungen.

Personenfähre
Bingen Rüdesheimer Fähr- und Schifffahrtsgesellschaft e. G.
Rheinkai 10
55411 Bingen am Rhein
Telefon 06721 14140
Telefax 06721 17398
E-Mail
info@bingen-ruedesheimer.de
www.bingen-ruedesheimer.de/faehren.php

Adlerwarte Niederwald
Monika Döring
Am Niederwalddenkmal
65385 Rüdesheim
Telefon 06722 47339
Telefax 06722 48299
E-Mail
info@adlerwarte-niederwald.de
www.adlerwarte-niederwald.de
Öffnungszeiten: 1. April bis 31. Oktober, täglich 10.30–17 Uhr (letzter Einlass).

Siegfrieds Mechanisches Musikkabinett
Im Brömserhof
Oberstraße 29
65385 Rüdesheim
Telefon 06722 49217
Telefax 06722 4587
E-Mail
info@siegfrieds-musikkabinett.de
www.siegfrieds-musikkabinett.de

Öffnungszeiten: März bis Dezember, im Winter nur auf Anfrage, täglich von 10–18 Uhr (von 18–22 Uhr nur bei Reservierung).

Geschenkhaus Ehrenfels
Rheinstraße 18
65385 Rüdesheim
Telefon 06722 910031
Telefax 06722 910117
www.rudesheim.de/wir.htm
Ritterlich einkleiden und ausstatten.

Führungen und Wanderungen auf dem Rheinsteig
Ute Grassmann
Telefon 06774 745
E-Mail info@tempus-rhenus.de
www.tempus-rhenus.de

Weingut Ottes
Gerald und Fumiko Ottes
Binger Weg 1 a
65391 Lorch
Telefon 06726 830083
www.weingut-ottes.de

Weingut Weiler
Richard und Ilka Weiler
Weiselberg 9
65391 Lorch
Telefon 06726 9416
www.weingut-weiler.de

Backhaus Landmuseum Ransel
Gewerbegebiet
65391 Ransel
Telefon 06726 2088
www.flk-ransel.de
Das frische Brot kann jeden Freitag ab 14 Uhr gekauft werden.

Rheinfähre Niederheimbach – Lorch
Fährmann Michael Schnaas
Rheinstr. 57
55413 Niederheimbach
Telefon 0177 5225396
Die Fähre verkehrt täglich von 6–20 Uhr, in der Winterzeit bis 19 Uhr.

Wisperforelle
Die berühmte Wisperforelle kann im Wispertal direkt von den Forellenzüchtern bezogen werden.
Forellenzucht Siegbert Seitz
Im Wispertal 4
65391 Lorch
Telefon 06775 371

Forellenzucht Flach
Helmut Robert
Im Wispertal
65391 Lorch
Telefon 06726 586

Weitere interessante Webadressen aus der Region

www.freistaat-flaschenhals.de
www.rheingau.de
www.rheingau-taunus-info.de

Tour 3: Der Hohe Meißner und die Hessische Schweiz

Das Meißner Land und sein Vorland haben einen ganz eigenartigen Reiz. Auf der einen Seite sind beide topografisch grundverschieden, auf der anderen liegen sie doch so dicht beieinander. Wir beginnen oben am Meißner und bewegen uns dann über die Hessische Schweiz bis nach Eschwege an der Werra.

Der Meißner ist nicht nur der König der nordhessischen Mittelgebirge, er ist mit seinen 754 Metern auch der Hausberg von Frau Holle. Es gibt keinen anderen Ort in Europa, der so eng mit dieser Figur verbunden ist wie dieser. Unzählige Sagen und Mythen ranken sich um diese Frau, die viele von uns als die alte, gütige Dame kennen, die hin und wieder ihre Betten schüttelt. Fröhliche Grüße von den Brüdern Grimm, aber zum Glück haben auch einige andere Geschichten über Frau Holle oder Hulda oder Hulle, wie sie auch manchmal genannt wird, überlebt.

Es ist eigentlich völlig egal, von welcher Seite aus man sich dem Berg nähert: Alle Zufahrtsstraßen führen durch eine landschaftlich reizvolle Gegend mit weit geschwungenen Tälern, langen Anstiegen und romantischen Dörfern. Auch hier gilt wieder: Der Weg ist das Ziel, und Ziele gibt es am Meißner beinahe so viele wie Wege. In anderen Regionen Hessens kann es mitunter schön sein, die Gipfel der Berge zu erwandern: Der Gipfel dieses Berges ist völlig unspektakulär, er befindet sich auf einem weiträumigen Plateau, und allein anhand einer Säule wird sichtbar, dass der höchste Punkt erreicht ist.

Sehr viel spannender ist es, eine der vielen geführten Wanderungen zu buchen, die vom Naturpark angeboten werden. In den letzten Jahren wurde das Angebot so umfassend ausgebaut, dass man allein für diese Wanderungen einen 14-tägigen Urlaub buchen müsste – mindestens. Bemerkenswert erscheint auch das Bestreben, den Aufenthalt mit der Naturparkküche zu verbinden. Ausgewählte Mitgliedsbetriebe sorgen für die Verköstigung mit typisch regionalen Produkten.

Wir haben diesen Tag mit dem »Herrlichen Hessen« an der Jausenstation in Weißenbach begonnen, in einem kleinen Rinderstall zwischen Mutterkühen und Kälbchen. Ich durfte im frischen Heu liegen, neben mir das neugierige Kalb, das etwas misstrauisch dreinschaute, und von oben fielen sacht die Bettfedern, die unser Redakteur Axel Mugler aus einer Plastiktüte rieseln ließ, ein dezenter, nicht ganz ernst gemeinter Hinweis auf die Nähe zu Frau Holle.

Der Umzug des Drehteams zur Jausenstation dauerte dann nur wenige Minuten. Dieses Ausflugslokal war lange Zeit ein Geheimtipp: gelegen am Ende eines langen Tales mit einem Garten. Auf den grünen Wiesen weiden Luise, Zenzi und Sibylle, drei braune Kühe, daneben sprudelt der Weißenbach. Eine schmale Treppe führt in die Jausenstation. Die Jausenstation ist ein ausgewachsenes Haus, und mit Jausen ist nichts weiter gemeint als das Verzehren der Lebensmittel, die man selbst hergestellt hat. Das ge-

Der Hausberg von Frau Holle

Kein anderer Ort auf der Welt ist so sehr mit dem Namen Frau Holle verknüpft, wie der Hohe Meißner. Viele Sagen und Bezeichnungen verweisen auf den engen Bezug zwischen Berg und germanischer Göttin: Frau Holle Teich, Frau Holle Stuhl, die Hollesteine und einige andere. Eine der zahlreichen geführten Wanderungen des Naturparks befasst sich ausschließlich mit diesem spannenden Thema und wie bei allen diesen Naturparkführungen kann man auf Wunsch die köstliche Naturparkküche am Viehhaus genießen.

Damenbesuch vor der Jausenstation: »Guck mal Luise – ich glaube wir kommen auch ins Buch!«

nau ist die Philosophie des kleinen Unternehmens.

Der Bauernhof der Eltern warf genug ab, um auch ein paar Wanderer zu verköstigen, und das war auch der ursprüngliche Plan, doch die Wanderer wurden mehr und der Hunger größer. Jetzt liegen im Keller die Produktionsräume für mehr als fünfzehn verschiedene Käsesorten, Brot und Butter. Es gibt ein kleines Lädchen, eine Art Hofladen mit Wurstspezialitäten, Schinken, Milch, Schmand, Quark, Butter, Käse und diverse Brotaufstriche. Küche und Gaststube liegen darüber.

Eine der beiden Schwestern macht Käse, Milch und Brot, die andere kümmert sich mit ihrer Mutter um Kuchen, Marmeladen und den Service. Der Sohn ist zuständig für alles, was mit Fleisch und Wurstwaren zu tun hat. Ahle Wurscht, diese für Nordhessen so typische Spezialität, gehört natürlich zum Bewirtungsstandard. Die Ehemänner der beiden Schwestern helfen am Wochenende beim Bedienen und verdingen sich gelegentlich auch als Wanderführer. An diesem Tag aber haben wir uns mit einem anderen verabredet, der uns und die Zuschauer über den Meißner führt: Marco Lenarduzzi, der Geschäftsführer des Naturparks.

Mit Marco Lenarduzzi über den Meißner.

Stück für Stück hat er sich in den vergangenen Jahren gewissermaßen in den Berg, seine Geschichte und Geschichten hineingegraben, und mit ihm ziehen wir hinauf zu den Stinksteinen am Kalbesee.

Dichter Morgendunst liegt auf den Wiesen und über den Bäumen, und die Sicht auf den See ist nicht ganz ungetrübt. Der Braunkohlebergbau am Meißner begann schon 1560, und an diesem Ort lässt sich das sehr gut nachvollziehen. Zum einen ist der Kalbesee ein Relikt des Tagebaus, in dem bis 1974 noch Kohle aus der Erde geholt wurde, zum anderen riecht es hier verdächtig nach verbrannten Gummisohlen. Vom gegenüberliegenden Seeufer steigen kleine Rauchschwaden aus der Erde des steil abfallenden Hanges.

Wie einige andere Punkte in der Gegend ist der Weg zur Stinksteinwand nur in Begleitung der Wanderführer gestattet. An dieser Stelle kann es wirklich gefährlich werden: Ein Stück von dem Berg mag nachgeben, und dann poltert eine Geröllawine herab. Außerdem ist auch beim Gehen Vorsicht geboten, denn der Boden ist brüchig. Seit Jahrhunderten entzündet sich die

Vom Aussichtspunkt Schwalbenthal genießt man einen herrlichen Blick über das Werratal.

Braunkohle in den unterirdischen Flözen immer wieder selbst und es kommt zu dauerhaften Schwelbränden. Die vielen Versuche, dieses Feuer zu löschen, blieben vergeblich, daher liegt an dieser Stelle immer ein leichtes Schwefelaroma in der Luft, das der Wind recht weit zu tragen vermag. Wenn Sie also am Parkplatz Schwalbenthal aus dem Auto steigen und vermuten, dass ihre Reifen gerade schmelzen – die sind es meistens nicht …

Selbst wenn man den Berg auf eigene Faust erkundet, verlaufen muss man sich nicht. Die Wege sind liebevoll mit Holzschildern versehen, und vom Kalbesee mit seiner Stinksteinwand geht es den Hinweisen folgend zur Kalbe immer munter bergauf zum Aussichtspunkt auf einer Basaltkuppe in etwa 720 Metern Höhe mit Blick in die weite Ferne: zum Werratal, in den Thüringer Wald und in den Harz.

Über den Namen Kalbe gibt es nur Vermutungen. Frau Holle hat nämlich nicht nur die Betten geschüttelt und die faulen Mägde bestraft, sie hat auch betrunkene Männer in Kälber verwandelt. Sie sehen, wir haben es hier schon mit einer ersten funktionalen Erweiterung der Grimmschen Märchenfigur zu tun.

Etwas weiter bergab, auf der Rückseite der Stinksteinwand, führt ein schmaler Pfad am Schwalbenthal vorbei. Einst war das eine Bergmannssiedlung, von der heute nur noch das Haus des früheren Steigers erhalten ist, daneben ein verschlossener Stollen und eine steile, tief abfallende, gemauerte Wand. Diese Wand ist ein weiteres Relikt aus den Montanzeiten am Meißner: Hier wurde einst die Braunkohle von oben auf die unten stehenden Loren geschüttet, die dann beispielsweise nach Sooden rumpelten. Die Kohle wurde dort zum Salzsieden gebraucht. Marco Lenarduzzi lässt diese Wand, eine Schütthalde, immer

Der Frau-Holle-Teich, ein mystischer Ort!

mit viel Aufwand reinigen, um sie zu erhalten, sonst würden sich binnen kurzer Zeit alle möglichen Gewächse dort ansiedeln.

Wanderern, die gut zu Fuß sind, sei unbedingt der Eulenstieg zum Auf- oder Abstieg empfohlen: ein sehr natürlicher Pfad, der sich mitunter schon sehr steil durch den Wald windet. Ganz eindeutig nichts, um einen Kinderwagen zu schieben. Im Winter und im Herbst, wenn das Laub feucht am Boden liegt, sollte man an den etwas kniffligen Stellen zum Holzgeländer greifen. Der Weg beginnt oder, in diesem Fall, endet am Frau-Holle-Teich, dem zentralen Punkt der Frau-Holle-Sagen. Ein kleiner See, der nie versiegt, an dessen Schilfufer die Holzskulptur einer jungen Frau steht: aufrecht, schlank, mit langen Haaren, in der rechten Hand hält sie ein Kissen.

Das soll Frau Holle sein? Als die Hintergründe der Grimmschen Märchenfigur noch nicht so bekannt waren, erhob sich rundum in den Meißnerdörfern lautes Geschrei, und es wurde gewettert, was das Zeug hielt. Sogar der Name Dolly Buster geriet als Synonym für die Ulmenfigur in Umlauf. Da ist die Fantasie mit einigen ganz gewaltig durchgegangen, denn diese junge Frau Holle steht als Symbol für das, was sich in den Sagen und Mythen vor den Grimms abgespielt hat.

Der Frau-Holle-Teich gilt als Eingang in ihr unterirdisches Reich. Dort unten, in unendlicher Tiefe, steht ihr silbernes Schloss mit einem prächtigen Garten. Die kleinen Kinder kommen aus diesem Teich, und zuweilen dürfen Sonntagskinder ein helles Glockengeläut aus dem kleinen See hören. Auch die Seelen der Verstorbenen werden hier in das Reich der Frau Holle zurückgeführt. In diesen knappen Sätzen stecken sehr viele Anhaltspunkte für das Wesen der Frau Holle bis in die vorchristliche Zeit: Fruchtbarkeitsgöttin, Naturdämon bis hin zu der Annahme, dass es sich bei Frau Holle eigentlich um Freya handeln könnte, der Frau an der Seite Thors, die Mutter aller Göttinnen. Gütig, belohnend, segensreich und helfend, aber auch strafend und wild.

Handfeste Fakten belegen den Mythos Frau Holle quer durch viele Jahrhunderte. Die christliche Religion hat hier versucht, wie an vielen anderen Orten auch, einen Mantel des Vergessens über diese Figur zu legen, aber erst die Brüder Grimm hätten es märchenhaft und in gutem Glauben beinahe wirklich geschafft, einer alten Göttin den Rest zu geben.

Heute führt eine Frau-Holle-Wanderung an jenen Orten des Meißners vorbei, die eng mit dem Namen verbunden sind: am Frau-Holle-Stuhl, der Kitzkammer, den Holle-Steinen und natürlich dem Holle-Teich.

Wir haben in der Fernsehsendung am Frau-Holle-Teich versucht, mit drei sehr unterschiedlich gekleideten Damen die unterschiedlichen Wesensmerkmale der jeweiligen Zeit optisch zu verdeutlichen: vorchristlich, römisch und märchenhaft. Oben schon erwähnter Kollege stand auf einem eigens mitgeschleppten Leiterchen und wollte an dieser Stelle wieder Federn schneien lassen. Solche Scherze können wir uns manchmal nicht so ganz verkneifen – indes war die Windrichtung nicht ganz exakt bestimmt worden, und alle Federn machten sich in entgegengesetzter Richtung aus dem Staub. Das blieb von keinem der Anwesenden unbemerkt – dass aber niemand laut loslachte, war ein Meisterwerk der Disziplin: Ein Redakteur schüttelt sich auf einer Malerleiter im Wald aus einer Plastiktüte Bettfedern ins Gesicht …

Weiter in Richtung zum Gipfel liegt das Viehhaus, eine kleine, sehr urige Steinhütte mit Bänken und Sitzgelegenheiten davor: der Rastplatz bei den Naturparkführungen. Und hier kommt die Naturparkküche zum Einsatz: bei schlechtem und kaltem Wetter innen, nahe dem kleinen Bollerofen. Beim Wandern auf eigene Faust empfiehlt sich ein Stück weiter, nahe den weithin

Die Hessische Schweiz

Sie ist zwar mit ihrem höchsten Gipfel von 570 Metern längst nicht so hoch wie die Alpen, aber diese Landschaft an der hessisch-thüringischen Grenze wirkt ausgesprochen alpin. Die etwa 15 Kilometer lange Rund-Tour ist inzwischen mit dem Titel Premium-Wanderweg geadelt worden und bietet neben natürlichen Sensationen wie Wolfstisch, Pferdeloch und Salzfrau immer wieder bezaubernde Ausblicke auf das Werratal. Für diese Wanderung empfiehlt es sich, Verpflegung mitzunehmen, denn es gibt unterwegs keinerlei Einkehrmöglichkeiten. Von Eschwege aus erreicht man die Hessische Schweiz über Meinhard, Grebendorf und Hitzelrode.

sichtbaren Sendemasten des Hessischen Rundfunks, der Berggasthof Hoher Meißner, mit 750 Metern Kurhessens höchstes und obendrein sehr schönes Restaurant.

Von oben geht es ein gutes Stück weiter in Richtung Frankershausen auf die Wacholderheide, eine herrliche Landschaft mit hoch aufragenden kahlen hellen Kalkfelsen, manchmal mit Moosen, manchmal mit kleinen Orchideen bewachsen. Diese außergewöhnliche Vegetation mit den vielen Wacholderbäumen entstand durch Schafbeweidung: Die wolligen Tiere futtern alles, aber nicht den Wacholder.

Dieser Tag endet fast an jener Stelle, an der wir ihn morgens begonnen haben: auf der Terrasse der Jausenstation mit luftgetrockneter Ahler Wurscht mit Pellkartoffeln im Leinensäckchen und anderen Leckereien. Übrigens: Mit dem »Herrlichen Hessen« erst wurde die Jausenstation Mitglied der Naturparkküche, und anschließend gab es eine von jenen Fragen zur Sendung, die man so schnell nicht vergisst: Jemand wollte das Rezept für die Leinensäckchen …

Vom Hohen Meißner geht es nun in das Meißner-Vorland, hinab in Richtung Werra. Nördlich von Eschwege beginnt ein bergiges Gebiet, das einst Grenzland war und mit dem Begriff »Hessische Schweiz« umschrieben wird. Diesen Begriff haben sich die Bewohner der Hessischen Schweiz keineswegs selbst ausgedacht, vielmehr waren es zwei Schweizer, die hierher zum Wandern und aus dem Staunen nicht mehr herauskamen.

Eine schmale, kurvige Straße führt durch die Dörfer dieses Berglandes hinauf nach Hitzelrode. Hier sind wir mit Georg Forster verabredet. Der Wanderführer war früher beim Bundesgrenzschutz und kennt jeden Maulwurf oberhalb von Hitzelrode mit Vornamen. Der Wanderweg wurde übrigens inzwischen vom Deutschen Wanderinstitut mit dem Titel »Premium-Wanderweg« geadelt. Das heißt, der Weg ist ein ganz besonders schöner, gut ausgeschildert und zu finden.

Wir vom Fernsehen haben nur das Problem mit dem feuchten

Wie gemalt: Ein Blick auf die Leuchtberge und den Werratalsee.

Frühjahr, dem schlammigen Untergrund und einem für den schweren Kameratransport doch sehr weiten Weg. Georg Forster meinte zwar, dass wir das Pferdeloch binnen zehn bis zwanzig Minuten erreichen würden, aber bei den Weglängen verschätzen sich auch Ortskundige oft und gern. Wer schon mal in Indien war, kennt das: »You can have a wonderful breakfast, it is only five minutes from here«, zwitschert der Fremdenführer, und letztendlich bricht man am anderen Stadtrand von Bombay erschöpft zusammen, und aus dem Frühstück wird ein Abendbrot.

Georg Forster hatte also einen Freund aus dem Ort mit einem alten, liebevoll restaurierten Unimog organisiert, der die gesamte Truppe von Fernsehen aufnahm und sich mit den gewaltigen Reifen durch den Schlamm den Berg zum Pferdeloch hochwühlte.

Das Pferdeloch ist eine sehr enge und sehr tiefe felsige Schlucht, in die man von oben den besten Blick hat. Weder hat der Name etwas mit dem Hinterteil eines Gaules zu tun, noch ist in die Schlucht ein Pferd gestürzt: In dieser schwer zugänglichen Enge versteckten die Dorfbewohner einst ihre Tiere vor marodierenden Soldatenhorden. Aber die beeindruckende Einkerbung im Fels ist nicht der einzige Grund, warum man sich dieses Naturereignis nicht entgehen lassen sollte: Von hier oben gibt es einen herrlichen Blick auf Hitzelrode und die Hessische Schweiz.

Der Wolfstisch, ein alter Kult- und Opferplatz.

Im Sommer blühen entlang des Weges seltene Orchideenarten, und sanfter Bärlauchgeruch zieht leise durch die Nase. An diesem sehr feuchten und kühlen Morgen schleppt sich einzig ein müder Feuersalamander über das gewaltige Wurzelwerk. Nur 500 Meter weiter steht der Wolfstisch. Der Wolfstisch, sagt Georg Forster, war ein alter Kult- und Opferplatz. Wölfe, die Begleiter des Wotan – so in etwa stellt man sich das vor. Ein ziemlich gewaltiger heller Felsbrocken mit einer beinahe ebenen Oberfläche – zum Sitzen für unsereinen ist der Tisch einfach zu hoch – für einen Gott mag es vielleicht gereicht haben.

Mit der Salzfrau ist wieder eine Geschichte verbunden. Der Begriff bezeichnet eine offene, felsige Stelle am Rande der Klippen, an der eine der Frauen, die das Salz früher transportierten, ihren Korb wohl nicht ganz ordnungsgemäß geliefert

Ein Abstecher in das Zinnfigurenmuseum lohnt sich!

hat und bei der Flucht vor ihren Verfolgern abgestürzt sein soll. Tatsächlich führt der alte Salzweg nach Sooden in Sichtweite vorbei. Wir verlassen die Hessische Schweiz und die Gemeinde Meinhard nur schweren Herzens, denn ganz ehrlich: Hier hätten wir gern ein ganzes Wochenende verbracht.

Es geht vorbei am alten jüdischen Friedhof in Richtung Eschwege. Nun lässt es sich auf der Werra vorzüglich Wasserwandern, und eine Tour im Kajak oder Kanadier ist sicherlich ein ganz außergewöhnliches Erlebnis. In Eschwege selbst liegen viele Häuser direkt am Fluss, und auch wenn es keine Prunkbauten oder Paläste sind: Man fühlt sich ein klein wenig an Venedig erinnert. Klein-Venedig.

Hoch oben über dem Schloss von Eschwege öffnet sich alle Stunde eine Holztür, dann erscheint der Dietemann – ein etwa ein Meter großes Männchen mit einer Tute. Der Dietemann rollt auf Schienen eine halbe Runde um den Turm gleichen Namens und stößt dabei laut in sein Horn.

Herbert Fritsche ist Kenner der Eschweger Stadtgeschichte und sagt, dass man sich mit Hypothesen zur Deutung des Namens nur unbeliebt machen kann – egal, welche man zum besten gibt. Eine der ungeliebten ist die, dass sich Dietemann von Tütemann ableitet. Herr Fritsche ist keineswegs schwindelfrei, hat sich aber überreden lassen, mit uns auf diesen Turm in die Wohnstube des Tütemannes zu klettern. Leicht fällt es ihm wirklich nicht, aber vermutlich ist es die Neugier, die ihn über die schmalen, knarrenden Holzstiegen durch die enge Luke nach oben treibt. Wie die meisten Eschweger war er nämlich noch nie auf dem Turm, und seine sonst gesunde Gesichtsfarbe kehrt erst unten und nach einem Spaziergang durch die wunderschöne Altstadt von Eschwege zurück.

So richtig blüht Herr Fritsche erst in seinem Museum auf: Fröhlichkeit und Schlagfertigkeit kommen wieder, Herbert Fritsche hat festen, ganz eigenen Boden unter den Füßen – im Zinnfigurenmuseum. Es ist eines der größten der Welt und ganz sicher das schönste und aufregendste. Natürlich gibt es nach wie vor die Zinnkameraden der Wohnzimmerstrategen, die ganze Schlachten zu Hause schlagen. Das tut nicht weh, und man kann den Ausgang einer militärischen Auseinandersetzung selbst bestimmen.

Natürlich gibt es in dem Museum, untergebracht in einem alten mittelalterlichen Gebäude nahe der Touristinformation, auch Zinnsoldaten – das bleibt bei 12 000 dieser kleinen handbemalten Figuren gar nicht aus, aber vieles, was in den unzähligen Dioramen dargestellt ist, hat mit Militär nicht das Geringste zu tun. Da gibt es eine hinreißende Darstellung des alten Wanfrieder Hafens oder auch einiges aus dem – sagen wir mal – etwas frivolen Bereich: eine Badeanstalt aus dem Anfang des letzten Jahrhunderts oder einige Darstellungen rund um eine Burganlage.

Aber wenn man an einer Zinnfigur ein nacktes Hinterteil entdecken will, muss man schon sehr genau hinschauen. Das Eschweger Zinnfigurenkabinett hält auch einen Weltrekord im Guiness-Buch der Rekorde: die mit 1,2 Millimetern kleinsten Figuren der Welt – die Lupe ist ja nicht einfach aus Jux und Dollerei neben dem Schaukasten befestigt. Selbst wer eine Abneigung gegen Zinnfiguren hat oder den kleinen Figürchen bislang völlig gleichgültig gegenüberstand: Dieses Museum ist ein echtes Erlebnis.

Wir übernachten auf Schloss Wolfsbrunnen in Sichtweite von Eschwege, gelegen am Berg mit einem tollen Blick über das Werratal und auf die Leuchtberge mit dem 36 Meter hohen Bismarckturm. Das Gemäuer steht da wie ein Märchen- oder Spukschloss.

Wolf-Henning Schorn, der Geschäftsführer, gibt sich alle Mühe, das Schlossgespenst mit Berichten aus dem Schlosstagebuch am Leben zu halten: Fenster öffnen sich von Zeit zu Zeit ganz allein, Gläser springen in ungewöhnlicher Flugbahn aus dem Regal, und eines der Zimmer, das noch nie vermietet wurde, riecht völlig anders als alle anderen: alt. Sehr alt. Dabei wurde das Schloss erst vor einhundert Jahren von einer Industriellenfamilie gebaut, und kein Ritter hatte je die Chance, irgendwo eingemauert zu werden. Und während andere Hotels in den Zimmern über einen sogenannten Hauskanal verfügen, hat dieses einen Mauskanal. Auf dem weitläufigen Dachboden wimmelt es nämlich nur so von Fledermäusen, und seit dem letzten Jahr schicken Infrarotkameras die Bilder live in die Suiten und sonstigen Räume.

Eins sei an dieser Stelle noch gesagt: Wenn Sie all diese Ziele abwandern oder besuchen wollen, dann brauchen Sie viele Tage Zeit.

Schloss Wolfsbrunnen.

Informationen auf einen Blick

Zweckverband Naturpark Meißner-Kaufunger Wald
Forstamt Hessisch-Lichtenau
Retteröder Straße 17
37235 Hessisch Lichtenau
Telefon 05602 93560
Telefax 05602 935640
E-Mail info@naturpark-mkw.de
www.naturpark-mkw.de

Tourist Information
Hospitalplatz 16
37269 Eschwege
Telefon 05651 331985
E-Mail
tourist-info@werratal-tourismus.de
www.eschwege.de

Weitere Informationen zur Region

Jausenstation Weißenbach
Weißenbachstraße 1
37247 Großalmerode-Weißenbach
Telefon 05604 6749
Telefax 05604 915081
E-Mail jausenstation_weissenbach@t-online.de
www.jausenstation-weissenbach.de

Öffnungszeiten: Wer die Jausenstation an einem Sonn- oder Feiertag besuchen möchte, sollte sich vorher einen Tisch reservieren. Donnerstags ist Ruhetag.

Anfahrt: Weißenbach ist ein Ortsteil von Großalmerode. Von dort einfach der Beschilderung »Weißenbach« folgen – in Weißenbach ist die Jausenstation ausgeschildert.

Berggasthof Hoher Meißner
Susann Gröling
Hoher Meißner 1
37235 Hessisch-Lichtenau
Telefon 05602 2409
Telefax 05602 70383
E-Mail
berggasthof-meissner@t-online.de
www.berggasthof-hoher-meissner.de
Öffnungszeiten: November bis März Samstag, Sonntag, Feiertag und während der hessischen Schulferien ab 11 Uhr, April bis Oktober Dienstag bis Sonntag ab 11 Uhr. Montag Ruhetag.

Wanderziel Hessische Schweiz
Georg Forster bietet regelmäßig donnerstags Grenzlandwanderungen an. Die genauen Termine gibt es bei der Tourist Information in Eschwege (Adresse siehe oben). Auf Anfrage führt er auch zu anderen Terminen.

Kanufahren auf der Werra
Krumos' Kanus
Thomas Krug
Beethovenstraße 1
35606 Solms
Telefon 06442 92118
E-Mail info@krumos-kanus.de
www.krumos-kanus.de

Eschwege liegt sanft eingebettet in den Niederungen der Werra.

Kanurado
Manfred Weick
Brunnersweg 9
64380 Roßdorf
Telefon 05651 2290515
E-Mail kanurado@kanurado.de
www.kanurado.de
Alles, was das Paddlerherz braucht – Boote, Ausbildung, Tagestouren etc.

Eschweger Zinnfigurenkabinett
Zinnfigurenkabinett in der Kemenate
Hospitalstraße 7
37269 Eschwege
Telefon 05651 331985
Öffnungszeiten: Mittwoch, Samstag und Sonntag 14–17 Uhr. Für Gruppen gibt es nach Voranmeldung auch Sonderführungen. Kontakt über die Tourist Information in Eschwege (Adresse siehe oben).

Schloss & Hotel Wolfsbrunnen
Schlosshotel Wolfsbrunnen
Am Berg 1
37276 Meinhard-Schwebda
Telefon 05651 3050
Telefax 05651 305333
E-Mail
info@schlosshotel-wolfsbrunnen.de
www.schlosshotel-wolfsbrunnen.de
Man kann im Hotel auch heiraten oder andere Abenteuer erleben – vom Abseilen vom Turm bis zum Quadfahren durch den Wald.

Weitere interessante Webadressen aus der Region

www.werratal-tourismus.de
www.werra-meissner-portal.de
www.werra-meissner-touristik.de
www.hoher-meissner.de

Tour 4: Ein Tag in und um Michelstadt im Odenwald

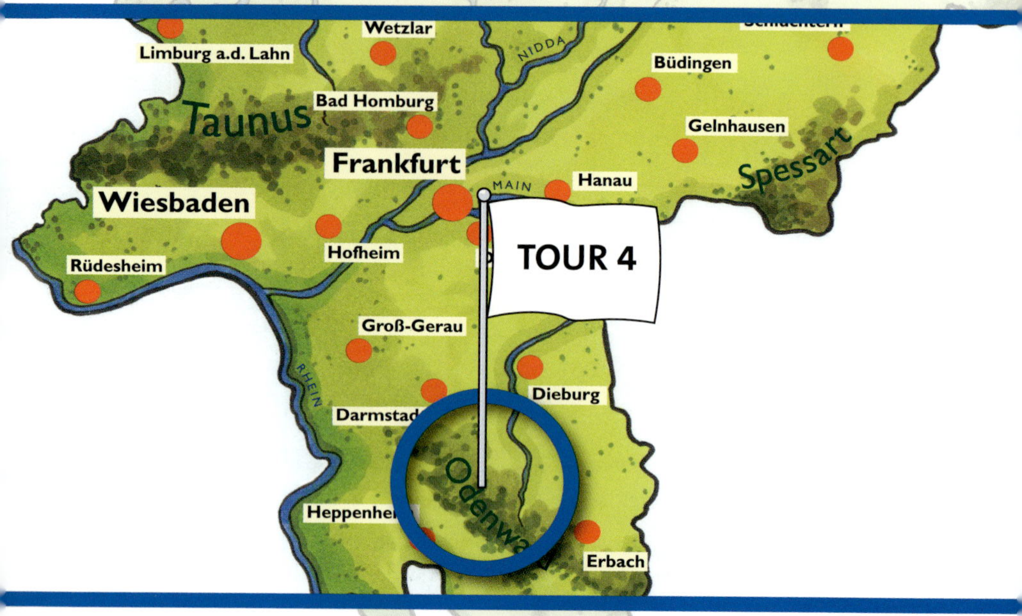

Eine wehrhafte Mauer umgibt fast vollständig die gesamte Michelstädter Altstadt. Und neben einem der zahlreichen Tore, durch die man wahlweise hinein- oder herauskommt, ragt steil und stolz der Diebsturm auf: eine schlanke, aber beeindruckende Mischung aus Steinen, Fachwerk und Holz. Vielleicht gelingt es Ihnen, bei einer Führung die engen Holzstiegen bis nach oben durch eine Luke ins Turmzimmer zu gelangen, denn aus den kleinen Fenstern hat man einen wunderbaren Ausblick auf die Stadt und den umgebenden Odenwald.

Wir haben an einem Frühsommermorgen genau das getan. Die Sonne färbte die Dächer in ein dunkles, freundliches Rot, es war noch ganz still, bis plötzlich von der Stadtkirche Glockengeläut ertönte. Das spätgotische sakrale Bauwerk wurde schon Ende des 14. Jahrhunderts errichtet. Michelstadt ist sehr alt, es zählt zu den ältesten Siedlungen des Odenwaldes überhaupt und wurde 741 in einer Urkunde eines Onkels von Karl dem Großen erstmals erwähnt.

Ungleich berühmter als die Stadtkirche ist natürlich das Rathaus, Deutschlands originellstes in Sachen Fachwerk. Es ist ein Stelzenbau und steht fast vollständig auf Eichensäulen, sodass man es teilweise buchstäblich unterwandern kann. Der Grund für den freien Platz unter dem alten Verwaltungsgebäude: Es diente von Anbeginn auch als Markthalle. Seine Berühmtheit verdankt das Rathaus von Michelstadt zum einen natürlich seinem schönen Aussehen, zum anderen aber auch dem Umstand, dass es auf einer Briefmarke der Deutschen Post durch die ganze Welt reist. Sollten Sie also zu den Frühaufstehern gehören, dann ist so ein Gang durch das ganz ruhige Michelstadt ein wirklich schöner Tipp.

Wir verlassen Michelstadt in Richtung der nicht weit entfernten hessischen Landesgrenze zu Bayern: Wir wollen in den Eutergrund, ein schmales, ganz abseits liegendes Tal, wo auf den Hängen unterhalb der wenigen Wohnhäuser eine Schafherde am Bach weidet. Nora und Kuno, zwei zottelige Schäferhunde, sind ständig unterwegs von Schaf zu Schaf und sorgen dafür, dass alle dicht beieinander bleiben. Zwischendurch ertönt ein lautes: »Kuno! Raus da!«

Der schlanken Schäferin traut man solch laute Töne gar nicht zu. Sie steht da in ihrer Lederweste mit den großen Knöpfen, der Lederhose, dem weißem Hemd und einem Filzhut und holt erstmal die beiden Hunde aus der Herde. Immer wenn die Familie Besuch bekommt, erklärt Jeanette Chur, fängt sie nämlich ein Lämmchen, um es auf den Arm zu nehmen. So etwas vergessen Nora und Kuno nicht und verfallen angesichts des besuchenden hr-Teams sozusagen in vorauseilenden Gehorsam.

Wären Hunde und Hirtin nicht, die Wollknäuel wären binnen fünf Minuten im ganzen Tal zerstreut. Aber der umgeleitete Jagd- und Beutetrieb lässt Nora und Kuno keine Ruhe. Sie sind in der Lage, ein Lamm so zu lenken, dass es nach missglückter Flucht der Schäferin direkt in die Arme springt. Eine wahre Begebenheit, von der Frau Chur mit Stolz und einem Lachen erzählt. Allerdings, sagt sie, sind Schafe auf längerer Distanz schneller als die Hunde, und ein in Panik geratenes Tier fängt man im Wald gar nicht mehr ein. Das muss dann mit viel Zeit und Ruhe vorsichtig zur Herde zurückgetrieben werden.

Der Diebsturm diente bis in das 19. Jahrhundert als Gefängnis.

Im Moment stehen sie alle gut zusammen und jedes trägt einen roten Farbklecks auf dem Fell – eine Markierung, die der Schäferin die erfolgreiche Frühjahrswurmkur anzeigt. Auch eine interessante Prozedur: Wurmkur fertig – Farbtupfer auf den Allerwertesten.

Im Gegensatz zum Rhönschaf und anderen Rassen sind die vom Eutergrund geradezu zierlich, schmal und klein. Nein, die landen nicht im Kochtopf, es sind vielmehr zähe und genügsame Landschaftspfleger, die selbst im Winter draußen bleiben. Die promovierte Sprachwissenschaftlerin aus dem Ruhrgebiet lockte einst die Liebe zu einem Schäfer in den Eutergrund, doch der junge Mann, der den Schäferstab vom Vater geerbt hatte, verunglückte bei einem Autounfall, und wäre die Linguistin nicht geblieben – die Herde wäre ohne Hirten gewesen. Das Basiswissen hat sie von ihrem Mann gelernt, und später kam viel hinzu. Heute kommen Odenwälder Schulklassen in das romantische Tal, um von Frau Chur Wissenwertes über Hunde, Schäfer und Schafe zu lernen. Wenn Sie selbst einmal ein so ein kleines Lämmchen im Arm halten wollen, dann sollten Sie sich auf den Weg in den Eutergrund machen. Vom bayrischen Würzburg aus ist das übrigens auch eine sehr empfehlenswerte Wanderung durch den Wald. Ach ja – dieses edle Schäfer-Outfit trägt Jeanette Chur eigentlich nur bei ihren Vorträgen rund ums Lamm und wenn sich Besuch angekündigt hat. Sonst trifft man sie im Sommer eher im blaukarierten Hemd, aber immer mit dem schwarzen Filzhut.

Ein wenig außerhalb von Michelstadt und etwas höher zwischen Vielbrunn und Würzberg liegt an der B47 der Eulbacher Park, ein großer Landschaftsgarten in eng-

Der Eulbacher Park erstreckt sich über eine Fläche von 400 Hektar.

lischem Stil. Mit dem Jagdschloss der Erbacher Grafen, einem Wildgehege, einer scheinbar alten Burg, den Teichen und Baumalleen gilt der Garten als ältester archäologischer Park Deutschlands.

Das hat damit etwas zu tun, dass beispielsweise aus dem nur 150 Meter entfernten ehemaligen Limes-Kastell viele Säulen, Steine und Reliefs für die Gestaltung dieses Parks herübergeschleppt worden waren. Der alte Graf war ein altertumsbegeisterter Mensch, und alles, was er im Laufe der Zeit entlang des einstigen römischen Grenzverlaufs aufgestöbert hatte, wurde in den Eulbacher Park gebracht und irgendwie verbaut.

Heinz Rebscher, mit dem wir an diesem Vormittag am Teich neben der Eberhardsburg verabredet sind, erzählt, dass viele der Steine für diese, dem Mittelalter nachempfundene Burg von der Miltenburg bei Amorbach gemopst wurden, einige wurden auch aus der alten Michelstädter Burg, der heutigen Kellerei, schon 1508 herausgebrochen und später hier verarbeitet, wie zum Beispiel ein alter Wappenstein. So verschmelzen in diesem Garten auf wundersame Weise Altes und ganz Altes, denn der Park entstand in den Jahren zwischen 1802 und 1804.

Der Aufstieg zur Eberhardsburg ist steil, steinig und von vielen Wurzeln überwachsen, aber von oben hat man einen wunderschönen Ausblick auf Teiche, Seerosen, Schwäne und Enten. Die kleinen Seen wurden übrigens erst ab 1810 angelegt, erzählt Herr Rebscher, dem offensichtlich keine Jahreszahl rund um Michelstadt fremd zu sein scheint. Nein, sagt er bestätigend und fast ein bisschen entschuldigend, er führe schon seit mehr als 30 Jahren Besucher durch die Gegend, da müsse man alle Zahlen drauf haben.

Eine kleine Pikanterie am Rande, die dem Nichtodenwälder zunächst vielleicht nicht so viel sagt: Herr Rebscher ist Michelstädter, aber mit einer Erbacherin verheiratet und, was dem Fass den Boden ausschlägt: Die beiden wohnen in Erbach. Erbach

Der Eulbacher Park

Es waren die Erbacher Grafen, die diesen besonderen Englischen Garten angelegt haben. Wer allerdings bei einem Englischen Park an Kurzrasen und quadratische Gartenarchitektur denkt, hat weit gefehlt. Grünanlagen, die diesen Namen tragen, stehen in der Tradition Englischer Landschaftsgärten aus dem 18. Jahrhundert. Man versuchte sich damals von den französischen Barockgärten abzuheben, die die Natur in geometrisch exakte Formen zwang. Angelehnt an Vorbilder wie dem Englischen Garten in München finden sich auch im Eulbacher Park, nur wenige Kilometer außerhalb von Michelstadt, keine Blühpflanzen. Stattdessen gibt es wild gewachsene, weite Wiesen und beeindruckende alte Bäume. Auch hier hat man künstliche Ruinen gebaut und – Highlight des Parks – einen romantischen Teich angelegt. Aber Vorsicht: die Schwäne sind nur auf dem Wasser idyllisch, kommt man Ihnen an Land zu nahe, beißen sie auch gerne mal! Die anderen im Park beheimateten Tiere wie Bisons und Muffelwild grasen allerdings hinter Zäunen.

Michelstadts Altstadt mit seinen zahlreichen Fachwerkhäusern blickt auf eine lange Geschichte zurück. Die Stadt zählt sogar zu den ältesten Siedlungen des inneren Odenwaldes.

und Michelstadt, die beiden urbanen, so dicht nebeneinander liegenden Odenwaldzentren haben in etwa ein Verhältnis wie Frankfurt und Offenbach. Dummerweise werden alle Michelstädter seit 40 Jahren schon in Erbach geboren, weil dort das Kreiskrankenhaus steht, aber Heinz Rebscher sagt, dass diese alte und sehr innige Verbindung zwischen den Bewohnern beider Städte bis ins Mittelalter zurückreicht.

Nach dem Bau der großen Mauer von Michelstadt im 14. Jahrhundert wurden ihre Erbauer freie Bürger der Stadt und: Sie hatten einen eigenen Magistrat, der sich nur sehr ungern von den Erbacher Grafen in die eigenen Belange hineinregieren lassen wollte. Der Michelstädter als solcher war also immer der etwas freier denkende und aufmüpfige, während angeblich der Erbacher an sich immer sehr dem gräflichen Hause untertan war. Eine Lieblingsidee des Odenwälder Landrates Horst Schnur ist seit langem die Vereinigung beider Städte, deren Grenzen sowieso schon aneinanderstoßen, aber wie die auf diese Weise neu entstandene Stadt heißen soll, das wagt besser noch niemand zu sagen.

Ein Stück außerhalb der Stadt, hinter dem Friedhof, liegt der Kiliansfloß. Mit Floß ist in diesem Falle ein Bach bezeichnet, der aufgrund seiner Größe den Namen Bach gar nicht verdient, eher ist es ein Bächelchen. Der ganz kleine Bach also entspringt oberhalb von Michelstadt, und unser Führer Herr Rebscher weiß noch mehr Zahlen: 1577 wurde die Quellkammer eingefasst.

Der Ort mit der Kiliansquelle wäre für Landschaftsmaler ein Paradies, denn hinter der Kammer führt durch ein schmales Waldstück der Bachlauf talwärts. Es gibt eine kleine Holzbrücke über das Bett, und an den Berghängen liegen sauber aufgebockt lange Holzstämme, längs mit einer durchgehenden Bohrung versehen. In solchen, aneinandergereihten und miteinander verbundenen Rohren wurde früher das Wasser in die Stadt geleitet, mit einer Besonderheit: Zunächst fließt das Wasser aus der Quelle, dann in die Rohre, wird anschließend wieder ein Stück offen durch die Talwiesen geführt, dann verschwindet es wieder im Untergrund der Holzrohre, um nach anderthalb Kilometern direkt in der Stadt wieder aufzutauchen. Wer also in Michelstadt über den Marktplatz am Rathaus entlangläuft, wird am Straßenrand einen Rinnstein bemerken – und darin fließt als kleines Rinnsal zu bestimmten Tages- und Jahreszeiten das Wasser aus der Kiliansquelle.

Es sprudelt munter übrigens auch am Café Siefert vorbei. Der schmucke Fachwerkbau trägt außer dem Namensschild noch ein weiteres: »Weltmeister 1977«. Bernd Siefert wurde 1977 nach einem gewaltigen Backmarathon Weltmeister der Konditoren. Sechs Sorten Pralinen à 18 Stück, sechs Sorten Petitfours à 18 Stück, die Torten fünfstöckig, Eis, Zucker- und Schokoladenschaustücke – insgesamt 18 Stunden rühren, kneten, formen und backen. Sechs Kilo hat er in dieser Zeit abgenommen – die beste Diät seines Lebens, sagt er.

Diesen Titel hält er sich natürlich schön warm, denn schließlich ist der nicht nur ein Erfolg vergangener Zeiten, sondern auch Anspruch und Verpflichtung. Und so gibt es neben Kuchen und Torten eine Vielzahl auserlesener Pralinen und Konfitüren. Herrn Sieferts Frau und seine Schwester waren immerhin deutsche Meisterinnen ihres Faches, und so dreht sich das ganze Leben der Familie fast ausschließlich um Süßes.

Die Altstadt von Michelstadt

Das meistfotografierte Gebäude in Michelstadt ist ohne Zweifel das Fachwerkrathaus am Marktplatz. Der Bau gilt als das originellste Rathaus Deutschlands und wurde auch auf einer Briefmarke der Deutschen Post verewigt. Erbaut wurde das weltweit bekannte »Stelzenrathaus« im Jahre 1484 im Stil der Spätgotik. In der brasilianischen Stadt Blumenau steht übrigens ein Nachbau des Rathauses. Vom Marktplatz in Michelstadt aus lohnt sich ein schöner Spaziergang durch die romantischen Gässchen. Viele Fachwerkgebäude säumen den Weg, in der alten Kellerei befindet sich das Odenwald-Museum und rund um die Stadtmauer befindet sich ein kleiner idyllischer Grüngürtel.

Inzwischen ist der Weltmeister zum Reisekonditor geworden, seine Künste als Patissier sind rund um den Globus gefragt. Japan, China, Australien, USA, das sind die ständigen Reiseziele des großen Mannes mit dem kleinen Bärtchen. Weltmeisterpralinen, Weltmeisterkonfitüre, Weltmeistereis – alle Produkte tragen diesen Schriftzug, denn schließlich hat man nicht irgendeine Marmelade auf dem Brötchen. Der Weltmeister schreibt Bücher, berät Firmen und gibt Seminare, seit neuestem auch in Michelstadt im eigens ausgebauten Seminarraum.

Uns zeigt der Weltmeister der süßen Verführung an diesem Tag ein besonderes Kunststückchen. In einer Pfanne wird unter ständigem Rühren Zucker erhitzt, so lange, bis keine Kristalle mehr zu sehen sind und eine zähflüssige, braune Masse in der Pfanne schaukelt. Dann greift der Meister zu einem sehr außergewöhnlichen Küchengerät, das eigentlich alle kennen, nur nicht in dieser Art: ein Schneebesen, von dem unten die Rundungen weggesägt wurden und aus dem nun nur noch die Metallstreben wie kahle Äste herausragen.

Die Stadtmauer.

Die Schneebesenspitzen werden gleichmäßig in den karamellisierten Zucker getaucht und vorsichtig angehoben. Dabei ziehen sich plötzlich lange goldene Fäden aus der Masse, die Bernd Siefert vorsichtig mit der Hand abreißt und dann zu einem Zuckernest formt. Natürlich sind die Fäden heiß, aber auch nicht so heiß, dass man sich die Finger daran verbrennt. Diese Zuckernester übrigens eignen sich wunderbar als Dekoration für Eis, Torten oder Früchte. Das Schauspiel, wenn man es denn beherrscht, eignet sich hervorragend auch als eine Art Tischzauberei bei kleineren Gesellschaften.

Wie auch die Thurn-und-Taxis-Scheune mit ihrem wertvollen Buchbestand, die ehemalige Synagoge, die Alte Färberei und der Stadtgarten gehört die Kellerei zu jenen Sehenswürdigkeiten von Michelstadt, die unbedingt auf dem Besuchsplan stehen sollten. Die Kellerei ist und war gewissermaßen der Kern der Stadt. Der Kellereihof ist eine im Renaissancestil überbaute fränkische frühmittelalterliche Burganlage, unter der vermutlich ein noch viel älterer römischer Siedlungsplatz liegt. Wo einst also die Michelstädter Burg stand, gibt es heute das Odenwald- und das Spielzeugmuseum, ein Mühlenmuseum und die Werkstatt eines jungen Handwerkerehepaares.

In den hohen Räumen direkt an der Stadtmauer beleben alte Odenwälder Traditionen aus Holz, Horn und Elfenbein die moderne Gegenwart. In der Werkstatt von Florian und Annamma Scharf regnet es feine Späne. Er drechselt, sie schnitzt und malt.

Nassholzdrechseln – hinter diesem Begriff verbirgt sich eine Kunst, die sich Florian von alten Meistern abgeschaut hat. Dabei wird ein Holzstück in eine Maschine eingespannt, dann dreht es sich wie ein Hinkel am Spieß. Nur schneller. Der junge Meister steht mit langen Meißeln in der Hand neben der Maschine und hebt Span für Span von der Oberfläche. So lange, bis man durch das Ahornholz hindurchsehen kann. So völlig transparent wird es nicht, aber wenn man mit einer Lampe in die Schale leuchtet, sieht man das Licht deutlich hindurchscheinen.

Die verwendeten Hölzer sind wirklich von einem Ast oder einem Stamm geschnitten und werden deshalb nass bearbeitet, weil sie trocken sofort reißen würden. Dass Florian Scharf heute so filigran drechselt, war ursprünglich eher ein Versehen, sagt er. Er wollte sehen, wie weit man gehen kann. Irgendwann war das Holz zu dünn, dann war es durch und dann gab es den ersten Lampenschirm. Wenn das Holz nach dem Drehen trocknet, entwickeln sich nach und nach neue, wellige Formen. Die so entstehenden eigenwilligen Gefäße werden nicht mehr geschliffen oder lackiert und dienen dem Käufer als Kunstobjekt oder als Gebrauchsgegenstand: als die bereits erwähnten Lampenschirme oder als Obstschalen.

Im Nachbarraum residiert die Gattin, die Meisterin der Elfenbeinschnitzkunst, Annamma. Residieren deshalb, weil sich in dem Raum eine zweite Ebene befindet und man zur Meisterin ein paar Stufen emporsteigen muss. Da sitzt sie unter dem Fenster und fertigt Ringe, Ketten und Armreifen. Als Ausgangsmaterial werden nicht nur Altbestände echten Elfenbeins verwendet, sondern auch das Elfenbein von sibirischen Mammuts: Mit den entsprechenden Genehmigungen werden heute tatsächlich noch bereits lange eingelagerte Elefantenstoßzähne verarbeitet. Die Stoßzähne sibirischer Mammuts erscheinen in jedem Frühjahr an den sibirischen Küsten Russlands ohne fremdes Zutun. Da schlummern die Reste der zotteligen Riesen seit Jahrtausenden im hartgefrorenen Boden, und bei Tauwetter brechen immer wieder einige Tonnen von der Steilküste ab und rutschen bergab. Seit über einhundert Jahren gelangt so sibirisches Elfenbein auch in den Odenwald.

Annamma Scharf arbeitet aber genauso gern mit argentinischen Rinderknochen, die lassen sich ähnlich gut bearbeiten. Dass im Odenwald auch schöne Rinder weiden, ist unbestritten, aber die Meisterin sagt, dass diese argentinischen Rinder aufgrund ihres kleineren

Wuchses einen dichteren Knochenbau haben, und damit lässt sich dann eben doch mehr anfangen. Die Türen zur Werkstatt stehen übrigens immer offen und Besucher sind jederzeit herzlich willkommen – Kaufinteressierte natürlich auch.

Eine Traumreise in die jüngere deutsche Geschichte verspricht ein Besuch bei Koziol. Heute ist das Unternehmen bekannt für seine farbenfrohen Interieurartikel für Küche, Bad, Wohn-, Schlaf- und Arbeitszimmer, vom Zahnputzbecher über die Klo- und Küchenbürste bis zur Lampe oder Uhr. Aber früher?

In den 50er- und 60er-Jahren des letzten Jahrhunderts feierte die deutsche Souvenirindustrie fröhliche Feste, denn kein Ausflug, kein Urlaub ohne Andenken. Ob nun Postkarte, Wetterhäuschen, Thermometer, Anstecker, Pferdchen mit und ohne Reiter, Schwarzwalduhren oder die Schneekugeln und die unvergessenen Nickis, die weise mit den Köpfen nickten, wenn man ein Geldstück einwarf – sie alle kamen aus Michelstadt von der Firma Koziol.

Das Unternehmen verfügt nun dank Stefan Koziol über ein Archiv in mehreren großen Kellerhallen, in dem in langen und hohen Regalreihen scheinbar alles versammelt ist, was früher in Kiosken und Souvenirgeschäften von der Zugspitze bis zur Insel Sylt verkauft wurde. Allein 13 000 Gussformen sind erhalten und natürlich die dazugehörigen Artikel, von denen die Nickis, jene kopfschaukelnden Igel und die Schnee- oder Traumkugel wohl die berühmtesten waren. Gerade die Schneekugeln wurden in den Fünfzigern waggonweise von Michelstadt nach Amerika geschickt. In den Besuchergruppen gibt es keinen Einzigen, der nicht das eine oder andere entweder im eigenen Besitz oder wenigstens bei den Eltern oder Großeltern gesehen hat.

Wenn Sie sich zu einem Ausflug nach Michelstadt entschließen, dann sollten Sie die Stadt spiralförmig umkreisen: einmal außen herum um die Stadtmauer und dann immer mal wieder durch eines der Tore in die historische Altstadt hinein. Heinz Rebscher, unser Michelstädter Führer mit Wohnsitz in Erbach, hat natürlich auch für die Wehrmauer eine Jahreszahl parat: 1395 wurde mit ihrem Bau begonnen. Seitdem gab es nie wieder einen Angriff auf Michelstadt. Der Odenwald war strategisch zu unbedeutend sagt Herr Rebscher.

Aber ihr Bau hatte dennoch einen Sinn, der in einer noch früheren Vergangenheit liegt. 1307 hatte nämlich Pfalzgraf Rudolf, genannt der Bayer, die Stadt zerstört, und das sollte sich nicht wiederholen. Ausgerechnet der Bayer, sagt Herr Rebscher und lacht, aber letztlich hat die Stadt ihre einmalige Lage und dieses Ensemble kleiner Gassen und Häuschen eben nicht nur dem Fleiß ihrer Bürger zu verdanken, sondern auch ein bisschen Pfalzgraf Rudolf. Ausgerechnet.

Informationen auf einen Blick

Tourist Information Michelstadt
RMV-Mobilitätszentrale Michelstadt
(im Bahnhof)
Hulster Straße 2
64720 Michelstadt
Telefon 06061 979988
Telefax 06061 979999
E-Mail mobiz@oreg.de
www.michelstadt.de

Weitere Informationen zur Region

Schäferin aus dem Eutergrund
Jeanette Chur
Im Eutergrund bei Michelstadt
Telefon 0160 6794093
Jeanette Chur ist mit ihrer Herde eigentlich immer auf einer der Wiesen im Eutergrund zu finden. Auf Anfrage bietet sie Führungen an.

Englischer Garten Eulbach
Telefon 06061 706042 (Kasse) oder 06062 95920
www.gg-online.de/html/englischer_garten.htm
Öffnungszeiten: Ganzjährig von 9–18 Uhr.
Anfahrt: Direkt an der Bundesstraße B47 zwischen Michelstadt und Amorbach.

Konditor-Weltmeister
Bernd Siefert
Café Siefert
Braunstraße 17, 64720 Michelstadt
Telefon 06061 3068
Telefax 06061 12118
E-Mail cafe.siefert@t-online.de
www.cafesiefert.de
Öffnungszeiten: Montag bis Samstag 9–18 Uhr, Sonntag 10–18 Uhr; von Mitte Januar bis Ostern Montag Ruhetag.

Drechslermeister & Elfenbeinschnitzerin
Florian & Annamma Scharf führen eine offene Werkstatt und Galerie. Wer will, kann ihnen bei der Arbeit jederzeit »über die Schulter« schauen.
Florian & Annamma Scharf
Einhardspforte 3/Kellereihof
64720 Michelstadt
Telefon 06061 705166

Koziol
Koziol Design Outlet Store
Frankfurter Straße 35–37
64720 Michelstadt
Telefon 06061 72425
www.koziol-factoryoutlet.de
Öffnungszeiten: Freitag 14–18 Uhr, Samstag 10–18 Uhr.

Weitere interessante Webadressen aus der Region

www.odenwald.de
www.odenwaldkreis.de

Tour 5: Die Bergstraße von Zwingenberg bis Auerbach

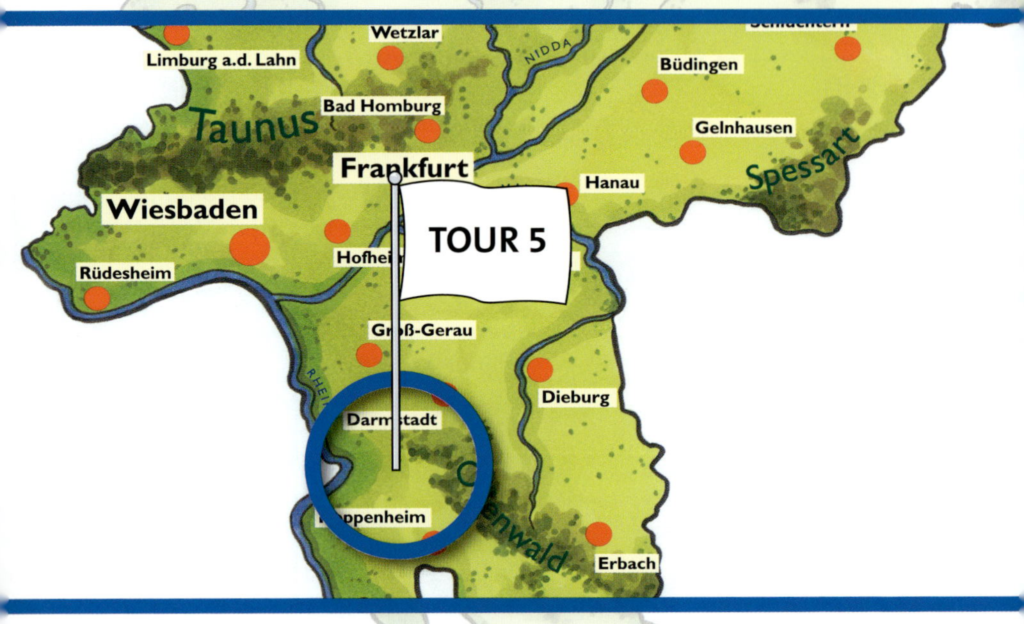

Schon die Römer schätzten Deutschlands wärmste Region – die »Strada Montana«, die Bergstraße. Kein Wunder, denn hier gedeiht mit dem Rhein in Sichtweite auch guter Wein. Da die Bergstraße nun nicht so sehr lang ist, war es über lange Zeit das kleinste Anbaugebiet in der alten Bundesrepublik. Und die Bergstraße war lange Zeit ein beliebter Tummelplatz fürstlichen Adels: Im Auerbacher Fürstenlager wurde nicht nur lustgewandelt, sondern man verbrachte gern auch ganze Sommerurlaube in dem eigens angelegten Englischen Garten.

Die Dichte der auf den Bergen versammelten Burgen ist zwar nicht so hoch wie anderswo entlang des Rheins, aber das eine oder andere Gemäuer findet sich doch auf den Anhöhen. Da könnte man durchaus eine eigene Bergsträßer Burgensendung draus machen. Wir aber konzentrieren uns an einem Pfingsttag, an dem hier mit einer guten Woche Vorsprung zum übrigen Hessen die ersten Kirschen reifen, zunächst auf den Wein.

Im Auerbacher Höllberg, einer sehr bekannten Weinlage, sind wir mit Petra Gärtner verabredet: Winzerin, Wirtin und deutsche Weinkönigin a. D. »Graue Eminenz oder außer Amt«, spottet die junge Frau und erklärt dann, ganz die Fachfrau, dass der Höllberg mit Hölle gar nichts zu tun hat, sondern mehr mit dem altdeutschen Wort Hang oder Halde.

Im Moment bekommen nicht nur die Kirschen tiefrote Bäckchen, sondern auch der Wein treibt aus, als befände er sich in einem Wettrennen. In einer oder zwei Wochen wachsen an jedem Trieb vier bis sechs Trauben, und das wiederum verursacht Gewicht. So viel Gewicht, dass die Winzerin dem jungen Wein beim Ranken helfen muss. Also werden Seile in den Wingerten gespannt, an denen die Pflanzen geschwind emporwachsen können.

Petra Gärtner geht die Hölle hinauf und steckt mal hier und mal da einen Trieb unter eines der Seile. Die kleinen runden grünen Kügelchen sind übrigens noch keine Trauben, erläutert Majestät munter, sondern sogenannte Gescheine: Es scheint nur so, als wären es Trauben, aber ob es denn wirklich welche werden, das sieht man erst zwei Wochen später, wenn die Blüten sich geöffnet und gegenseitig befruchtet haben. Bis dieser Wein einen Abgang bewirken wird, dauert es noch einige Monate, und bis dahin gibt es noch viel Arbeit.

Als Abgang, den Weinkenner an einem guten Wein schätzen, erklärt die einstige Deutsche Weinkönigin, bezeichnet man einfach jenen Geschmack, der auf der Zunge bleibt, nachdem der Wein langsam durch die Kehle geflossen ist. Er kann schmelzig sein, spritzig, man kann die feine Säure noch spüren, all das ist Abgang.

Als Petra Gärtner übrigens 2002 Deutsche Weinkönigin geworden war, floss an der Bergstraße der Wein in Strömen, denn es hatte 25 lange Jahre gedauert, bis eine junge Frau aus diesem Weingebiet wieder den Thron erobert hatte. Heute ist die

Im Auerbacher Fürstenlager wurde nicht nur während des Sommerurlaubs gelustwandelt.

Königin vergangener aufregender Tage etwas in Eile, denn in ihrer Heimatstadt Zwingenberg unterhalb der Hölle und anderer Lagen findet heute noch das Weinfest statt, bei dem sie dringend als Wirtin gebraucht wird.

Über dem Höllberg, weithin sichtbar, steht auf dem Auerberg in 339 Metern Höhe Schloss Auerbach. Vermutlich bereits im 11. Jahrhundert wurde auf dem »Urberg« die Burg gebaut, ursprünglich zum Schutz der reichen Güter der Lorscher Abtei. Aber schon bald ging sie als Lehen an die Grafen von Katzenelnbogen, und die modifizierten die Burg zu einer der modernsten Festungsanlagen ihrer Zeit – sehr zum Ärger der mächtigen Mainzer und Pfälzer.

Schloss Auerbach

Etwa 45 km südlich von Frankfurt steht das Schloss in 340 Meter Höhe auf dem Auerbach. Einst war sie eine der mächtigsten Burgen im süddeutschen Raum und wurde vermutlich im 13. Jahrhundert angelegt. Heute ist Schloss Auerbach nicht nur ein beliebtes Ausflugsziel, sondern im Gegensatz zu vielen anderen Burgruinen ein gastronomisch und kulturell sehr belebtes Denkmal. Schlossmenüs, Rittergelage und Ritterspiele, Konzert- und Theaterveranstaltungen, Magie und Gaukelei sorgen für frischen Wind in den alten Gemäuern. Bemerkenswert: In luftiger Höhe krallt sich seit 300 Jahren eine einsame Kiefer in das karge Gestein und ist einfach nicht unterzukriegen. Ein solches Wunder der Natur kommt natürlich nicht ohne die dazu passende Sage aus.

Um die Kernburg wurden zwei gewaltige Ringmauern gezogen, ein tiefer Graben angelegt und zusätzlich eine Schildmauer errichtet, eine richtige Bastion. Mit ihren ursprünglich drei Türmen hatte die Burg allerdings ein wenig Pech: Der erste Bergfried stürzte bei einem Erdbeben im Oberrheingraben bereits im 14. Jahrhundert ein, und ein weiterer, der Nordturm, sackte infolge Altersschwäche 1820 in sich zusammen. Ab da begann aber auch die Sicherung und Restaurierung der Ruine, und wenn man so will, ist es eine Burg ohne Boden geworden, denn bis heute halten die Arbeiten an.

Der Nordturm steht in leicht veränderter Form wieder, und ein Spaziergang durch die gewaltige Wehranlage wird zu einem großen und übrigens auch kostenfreien Vergnügen. Auf einer der alten Schildmauern wächst seit 300 Jahren schon eine inzwischen sieben Meter hohe Waldkiefer. Sie sieht ein wenig aus wie ein zu groß geratener Bonsai und krallt sich mit ihren Wurzeln fast überall gut sichtbar am Mauerwerk auf dem kargen Boden fest. Als im 17. Jahrhundert die Burg nach und nach verlassen wurde, war der Weg frei für anfliegende Samen, und einer hat es geschafft, auf dem Schloss sesshaft zu werden.

An der sehr markanten Baumgestalt haben wir eine Verabredung mit dem Wanderpapst des Odenwaldes, Rainer Türk. Was ist dieser Mann gelaufen, um Wanderkarten für den Odenwaldklub herzustellen: 15 000 Kilometer für eine Idee

In 339 Metern Höhe steht das Schloss Auerbach.

– eine Strecke, die der von Hamburg nach Shanghai entspricht. Die ist Herr Türk wirklich gegangen, um Kartenmaterial über den Odenwald in einem gut lesbaren Maßstab zu erstellen. Gut lesbar, das ist für Rainer Türk 1:20 000, und nicht wie verbreitet, 1:25 000. Es gibt also keinen Baum im Odenwald und an der Bergstraße, den er nicht mit dem Vornamen ansprechen könnte. Unsere Kiefer hier bewundert er geradezu.

Nie ging es ihr so gut wie jetzt, sagt er und zeigt auf die vielen jungen Triebe mit den frischen Nadeln. Der erhöhte Stickstoffgehalt in der Luft macht es ihr leicht. Früher musste der Baum sein Wasser von weither holen, 20 Meter lang sind die Wurzeln, die sich kreuz und quer über die Mauer winden. Weil der Regen allein nie ausreichte, stillte die Kiefer einen Teil ihres Durstes durch die Feuchtigkeit in der Luft. Diese Luftfeuchtigkeit kondensiert an den Nadeln und fällt dann in winzigen Tropfen auf den Boden. Und wenn sich ein solches Naturwunder so hartnäckig hält, ist auch die passende Sage nicht weit:

Auf Schloss Auerbach lebte einst eine hartherzige Dame, die mit einem Fluch belegt wurde. Dieser Fluch kann nur durch einen Mann aufgehoben werden, der als Kind in einer Wiege lag, die aus diesem Kiefernholz geschnitzt war. Herr Türk schmunzelt und kommt zu dem Schluss, dass die Hartherzige wohl noch eine ganze Weile als Gespenst durch die Ruine flattern muss, denn das mit dem Wiegenholz wird so schnell wohl nichts, jedenfalls nicht aus dieser Waldkiefer. Dabei schaut er erst auf den Baum und dann weit in den Odenwald hinein.

Bereits seit drei Jahrhunderten wächst auf der Festungsmauer eine Kiefer.

Für ihn ist das ein Wanderpark, 3200 Quadratkilometer groß, mit nunmehr fast 15 000 Kilometern markierter Wanderwege. Schloss Auerbach ist einer der schönsten Orte an der ganzen Bergstraße, findet Rainer Türk. Nicht nur wegen der gigantischen Aussicht in Richtung Odenwald zur einen und bis zum Pfälzer Wald zur anderen Seite, auch die Ruine selbst mit dieser ausdauernden Kiefer liegen ihm am Herzen.

Wenn wir einen etwas moderneren Sprachgebrauch bemühen wollen, dann gilt Schloss Auerbach auch als Event-Burg: Es gibt Theateraufführungen, Nachtturniere und rustikale Rittermahle, mittelalterliche Erlebnisfalknerei, Geister- und Walpurgisnächte. Das Restaurant im Schloss ist in Sachen Erlebnisgastronomie ganz weit vorn, aber es lässt sich auch in aller Ruhe und luftiger Höhe sozusagen »eventlos« speisen und Kaffee trinken.

Wir wollen eigentlich weiter zum Herrenhaus und zur Herrenwiese, legen aber am Herrenwingert noch eine kurze Rast mit Herrn Türk ein. Noch so ein Ort mit Aussicht. Hier fällt der Weinberg nur sanft ab, und die Landschaft ringsum wird von Hügeln und verschiedenen Grüntönen durchsetzt. Wenige Kilometer entfernt und schon wieder auf einem richtigen Berg liegt sichtbar die Heppenheimer Starkenburg. Und natürlich führt auch hier einer jener Wanderwege vorbei, die Rainer Türk kartografiert hat.

20 Wanderkarten, die das Gebiet von drei Bundesländern berühren, gibt es inzwischen von ihm. Und alle Wege, ob nun in Hessen, Bayern oder Baden-Württemberg, verfügen über eine einheitliche Markierung. Auf die Frage, wie er denn nun auf diesen ungewöhnlichen Kartenmaßstab verfallen sei, gibt er eine einleuchtende Antwort. Gerade an der Bergstraße laufen sehr viele Wanderwege zusammen und manchmal auch nebeneinander her, und die kann man bei einem Maßstab von 1:25 000 nur sehr schwer erkennen.

Nun sind von dem Wanderpapst alle Wege gegangen, markiert und aufgezeichnet, aber richtige Ruhe nach der Lauferei findet er keine, denn diese Strecken müssen auch gepflegt und unterhalten werden, und dazu braucht der Naturpark Bergstraße/Odenwald eine eigene Struktur und jede Menge Unterstützung. Irgendwie erinnert mich die Geschichte dieses Mannes an die in dem Buch »Der Alchemist«, in dem ein junger Hirte fast ein Leben lang seinem Traum nachgeht – und weil er zwar auch Umwege geht, aber nie aufgibt, erfüllt sich dieser Traum am Ende.

Das Jahr 1739 bescherte dem Gebiet oberhalb von Auerbach ein Ereignis, das nicht ohne Folgen bleiben sollte. Da wurde nämlich, wie es heißt, ein roter fetter mineralischer Schleim gefunden. Das klingt zunächst wenig appetitlich, aber man stieß dort auf Quellen der besonderen Art: Heilquellen, drei an der Zahl. Das Wasser wurde eingefasst, und alsbald setzte reger Badebetrieb ein.

Zusätzlich verbreitete sich die Kunde von gar wundersamen Heilungen. Die Berichte von überraschenden Genesungen drangen schnell bis nach Darmstadt, und 1783 besuchte der erkrankte Erbprinz Ludwig die Auerbacher Quellen und – wurde gesund. Nach der Genesung verbrachten Ludwig und Luise regelmäßig die Sommermonate an diesem Ort, und damit war der Weg für das Auerbacher Fürstenlager geebnet.

Ein Landschaftspark im englischen Stil, eingebettet in die Topografie der Bergstraße. Es wurde gesät, gepflanzt und gebaut, und in der Zeit von 1790 bis 1795 entstand im Fürstenlager ein Haus nach dem anderen: das Herrenhaus, der Prinzenbau, der Damenbau, die Wache, die Meierei, der Konditoreibau. Ein richtiges kleines, aber natürlich sehr edles Dorf zwischen den hohen Hügeln. Bäche, Brunnen, Brücken, Pavillon, das alles gehört genauso zu dem Garten wie die mehr als 50 exotischen Sträucher und Bäume. Einer davon ist mit 53 Metern Höhe Deutschlands größter Baum, und mit einem Alter von mehr als 150 Jahren ist dieser Riese auch einer der ältesten: ein Mammutbaum, und wenn Sie die breite Lichtung vom Herrenhaus den Hang zum Pavillon hinaufschauen, dann ist er nicht zu übersehen.

Auf einem Hügel in dem 42 Hektar großen Gelände steht die Eremitage, ein Holzbau mit einem kleinen Türmchen, runden Fensterbögen, Moos auf dem Dach und zwischen den Baumrinden, die die

Das Fürstenlager Bensheim-Auerbach

Was Anfang des 18. Jahrhunderts mit dem Fund eines rötlichen, mineralischen Schleims begann, sollte sich bald zu einem beliebten Heil- und Badeort entwickeln, denn diesem Schleim wurden geradezu magische Heilkräfte nachgesagt. Bald gelangte die frohe Kunde auch nach Darmstadt zum kränklichen Großherzog, der fortan nebst Gattin und Hofstaat seine Sommerurlaube hier verbrachte. Eine umfangreiche Bautätigkeit setzte ein und so sind heute neben dem reizvollen englischen Landschaftsgarten mit Deutschlands größtem und Europas ältesten Mammutbaum viele der alten herzoglichen Gebäude erhalten. Prinzenbau, Damenbau und Kavaliersbau liegen in einer sehenswerten Platanenallee. Im Herrenhaus gibt es seit 1970 ein kleines komfortables Hotel mit sehr guter Küche und erlesenen Weinen von der Bergstraße.

Die Eremitage: Um den wahren Verwendungszweck des Gebäudes rankt sich so manche Geschichte.

Fassade bilden. Thilo Patzelt erzählt mit einem schelmischen Lächeln, dass das sozusagen der Freizeit- oder Vergnügungsbau des Herzogs und von Prinzen und Prinzessinnen war, ein gutes Stückchen vom Herrenhaus und der Wache entfernt. Hier musste der Großherzog eben mal nicht Großherzog sein und konnte etwas abgelegen Bauernspiele veranstalten – so nannte man das damals.

Herr Patzelt ist der Pächter des Herrenhauses im Fürstenlager, und da seine Familie das Hotel und Restaurant schon seit beinahe 40 Jahren betreibt, kennt er sich im Park und mit dessen Historie gut aus. Er hat ein Rezeptbuch aus dem Jahr 1750 dabei, mit Hand und Feder in alter deutscher Schrift geschrieben. Seine Mutter sammelt diese wertvollen Kollektionen deutscher Küche, und manchmal wird im Herrenhaus nach diesen Rezepten auch gekocht. Natürlich lebte und ernährte man sich damals ganz anders. Schon unternimmt Thilo Patzelt eine Reise in die Vergangenheit: Tagelang gab es nur Kartoffelsuppe, aber wenn die Familie zu Besuch kam oder der Pfarrer des Ortes, dann wurde richtig aufgefahren und es gab zum Beispiel Brennnesselsuppe, mit frischen Blättern der brenzligen Pflanze und mit Milchrahm. Die Suppe steht heute auch wieder auf der Speisekarte des Herrenhauses, aber viel leichter und bekömmlicher, mit Sahne und Kürbiskernen.

Nach dem Tode des großherzoglichen Paares blieb die Sommerresidenz zwar erhalten, aber nun verbrachten verdiente Hofbeamte ihren Sommerurlaub im Fürstenlager. Nur die Sache mit dem roten fetten mineralischen Schleim geriet nach und nach in Vergessenheit. Zum einen, weil die Anzahl der wundersamen Heilungen rapide sank, zum anderen, weil der Mineralgehalt des Wassers tatsächlich langsam nachließ. Aber es gibt noch heute viele Menschen an der Bergstraße, die dieses Wasser sehr schätzen und gern trinken.

Vom Auerbacher Fürstenlager geht es wieder ein Stück zurück in Richtung Zwingenberg, denn an diesem Tag findet dort nicht nur das Wein-, sondern auch das Scheuergassenfest statt. In richtigem Amtsdeutsch heißt es korrekt eigentlich »Bauern- und Handwerkermarkt«, aber der Name Scheuergassenfest ist einfach nicht zu verdrängen, denn die Veranstaltung findet nun mal in diesem einmaligen Ensemble statt: eine Gasse von vielleicht 200 Metern Länge, die links und rechts ausschließlich von alten ausgebauten Scheunen gesäumt wird, eine neben der anderen und jede anders.

Manche dienen als Wohnhaus, einige als Geschäft oder als Cafe, viele sind mit Wein bewachsen. Eine 500 Jahre alte Scheunenstraße, durch die sich an diesem Pfingstmontag während des Bauern- und Handwerkermarktes eine fröhliche Menschenmenge schiebt. In einer dieser Scheunen ist das Heimatmuseum untergebracht, hinter dem Durchgang liegt ein Innenhof mit Tischen, Sonnenschirmen und Bänken. Eine dreiköpfige Kapelle spielt auf volkstümlichen Instrumenten, und zu den Klängen von Akkordeon und Teufelsgeige gesellen sich jene zweier Schmiede, die vor einem kleinen einstöckigen Scheunenanbau den Hammer schwingen.

Traditionelle Handwerkskunst auf dem »Scheuergassenfest«.

Aus tontechnischen Gründen bitten wir die beiden kräftigen Herren mit den rußgeschwärzten freien Oberkörpern, ihren Werkzeugen ein wenig Ruhe zu gönnen. Schließlich hat Wolf-Dietrich Riebel vom Zwingenberger Geschichtsverein Dinge zu erzählen, die auch die Fernsehzuschauer verstehen sollen. Bis in die siebziger Jahre des letzten Jahrhunderts hinein wurde die Scheuergasse tatsächlich landwirtschaftlich genutzt, verfiel aber zusehends. Von den damaligen Stadtvätern wurde die Gasse völlig ignoriert, wettert Herr Riebel. Lediglich ein Veränderungsstopp wurde verfügt, der beinahe der Todesstoß gewesen wäre.

Dann aber wandelte sich glücklicherweise der Zeitgeist und rüttelte die Politiker aus ihrem Dornröschenschlaf – wobei Wolf-Dietrich Riebel nach Kräften mitrüttelte. Er hatte damals gerade seine Staatsexamensarbeit über Zwingenberg geschrieben, in der die Scheuergasse eine große Rolle spielte. Nach und nach wurde dafür gesorgt, dass dieses Viertel ein neues und freundliches Gesicht bekam. Als Kind, sagt Herr Riebel mit einem nachdenklichen Gesichtsausdruck, ist er sehr ungern durch die Scheuergasse gegangen: Sie hatte etwas Unheimliches. Für ihn als kleinen Jungen war es eine Art Gruselstraße. Bei der Frage, wovor er sich denn da nun so gegruselt habe, überlegt Herr Riebel ein Weilchen.

Also, sagt er dann, wenn er ehrlich sein soll, es hatten sich einige ältere Menschen in den alten Scheunen das Leben genommen, und der Umstand, dass er sie kannte, hatte ihm damals als Kind einfach Angst gemacht. Heute steht der Mann mit Liebe zur Heimatgeschichte am liebsten am unteren Ende der Gasse und schaut von Westen nach Osten in Richtung der Bergstraße, die sich da zwischen den kleinen Häuschen mit den vielen Gauben auftürmt. Aber noch lieber steht er natürlich in seinem Heimatmuseum …

Zwingenberg kann heute zwar stolz sein auf diese besondere Gasse, hat aber in seiner attraktiven Altstadt bedeutend mehr zu bieten. Gehen Sie einmal von der Scheuergasse auf die alte Stadtmauer zu und von dort zum Schlösschen. Ein amtlich romantischer Ort, denn das schöne Bauwerk, bereits 1520 errichtet, dient als Rathaus. Von dort durch die kleinen mit Kopfstein gepflasterten Gassen schlendert man gemütlich bergauf in Richtung Marktplatz. Der entstand auch schon im 17. Jahrhundert und ist von einem Reigen schöner Bauten umgeben.

Und wenn Sie über diesen Marktplatz gehen, bedenken Sie, dass unmittelbar unter Ihnen die Reste der alten Zwingenberger Wasserburg liegen und dass da, wo heute Häuser stehen, früher vielleicht der Burggraben verlief. Seit 1274 hat Zwingenberg bereits Stadtrechte, und beinahe wäre dieser heute so schöne Ort am Melibokus, dem Hausberg, für immer verschwunden – der Dreißigjährige Krieg und die nachfolgende Pest entvölkerte Zwingenberg vollständig; es war über Jahrzehnte unbewohnt.

Aber wer denkt an diesem Tag an diese schlimmen Zeiten. Auf der Marktplatzbühne spielt ein Orchester Lieder von Wein und Seligkeit, auf den Bänken drängen sich schunkelnd die Besucher des Weinfestes, und die Stände der Winzer sind regelrecht belagert. Die graue Eminenz, Ihre ehemalige Weinmajestät Petra Gärtner, füllt Gläser, kassiert, stellt frische Flaschen auf die Theke und hätte vermutlich gegen ein paar Hände mehr nichts einzuwenden.

Dennoch, als Deutschlands Weinkönigin war es noch anstrengender, sagt sie. 270 Tage in diesem Jahr hat sie nur aus dem Koffer gelebt, unendlich viele Hotelzimmer kennen gelernt, aber mit einigem zeitlichen Abstand betrachtet, hatte die Präsentation deutscher Weine auch aufregende Seiten: Sie war bei den Olympischen Spielen in Salt Lake City, bei der Fußballweltmeisterschaft in Japan und Korea. Allerdings waren die Termine so dicht gedrängt, dass sie kein einziges Spiel gesehen hat. Sie lacht und holt eine Flasche vom eigenen Riesling hervor, gewachsen auf lehmigen granitverwitterten Böden, und das macht den Bergsträßer Riesling mit seiner feinen Säure so fruchtig.

Und im Abgang, lächelt die Königin, müsste man ein prickelndes Pfirsicharoma schmecken, da ihr Wein im Keller bei niedrigen Temperaturen nur sehr langsam vergärt und viel Fruktose freisetzt. Probieren Sie selbst: den Wein mit Pfirsichabgang, Zwingenberg, Auerbach und die Bergstraße. Es soll weder an Wein mangeln, noch an Kartenmaterial im richtigen Maßstab zum Wandern.

Informationen auf einen Blick

Touristikbüro der Stadt Zwingenberg
Untergasse 16, 64673 Zwingenberg
Telefon 06251 700322
Telefax 06251 700333
E-Mail touristinfo@zwingenberg.de
www.zwingenberg.de

Unesco Geo Park
Naturpark Bergstraße-Odenwald e.V.
Nibelungenstraße 41
Telefon 06251 7079920
Telefax 06251 7079925
E-Mail info@geo-naturpark.de
www.geo-naturpark.de

Weitere Informationen zur Region

Petra Gärtner – Deutsche Weinkönigin 2001/2002
Weinschänke Rebenhof
Rieslingstraße 12, 64673 Zwingenberg
Telefon 06251 76368
E-Mail
weinschaenke-rebenhof@t-online.de
Öffnungszeiten: Donnerstags bis Samstag ab 17 Uhr, Sonntag/Feiertag ab 12 Uhr.

Schloss Auerbach
Andreas Pietrella
Außerhalb 2
64625 Bensheim-Auerbach
Telefon 06251 72923
Telefax 06251 78410
E-Mail info@schloss-auerbach.de
www.schloss-auerbach.de
Anfahrt: Schloss Auerbach liegt unweit des Fürstenlagers in Bensheim-Auerbach. An der B3 einfach den Beschilderungen »Schloss Auerbach« folgen.

Herrenhaus und Fürstenlager in Bensheim-Auerbach
Parkhotel Herrenhaus im Staatspark Fürstenlager
64625 Bensheim-Auerbach
Telefon 06251 70900
Telefax 06251 78473
E-Mail
info@parkhotel-herrenhaus.de
www.parkhotel-herrenhaus.de
Anfahrt: Das Fürstenlager ist ganz einfach zu finden. Fahren Sie die B3 Darmstadt – Heppenheim; zwischen Zwingenberg und Bensheim sehen sie in Bensheim-Auerbach die Beschilderung »Fürstenlager«.

Wanderungen in der Region
Odenwaldklub e. V.
Prinzenbau im Staatspark Fürstenlager
64625 Bensheim
Telefon 06251 855856
Telefax 06251 855858
E-Mail info@odenwaldklub.de
www.odenwaldklub.de

Weinfest und Bauern- und Handwerkermarkt in Zwingenberg
Immer am Pfingstwochenende findet in Zwingenberg in der historischen »Scheuergasse« der Bauern- und Handwerkermarkt statt und auf dem Marktplatz das Weinfest:
www.zwingenberg.de;
www.scheuergasse.de

Weitere interessante Webadressen aus der Region

www.diebergstrasse.de
www.bensheim.de

Tour 6: Durch den Spessart nach Gelnhausen

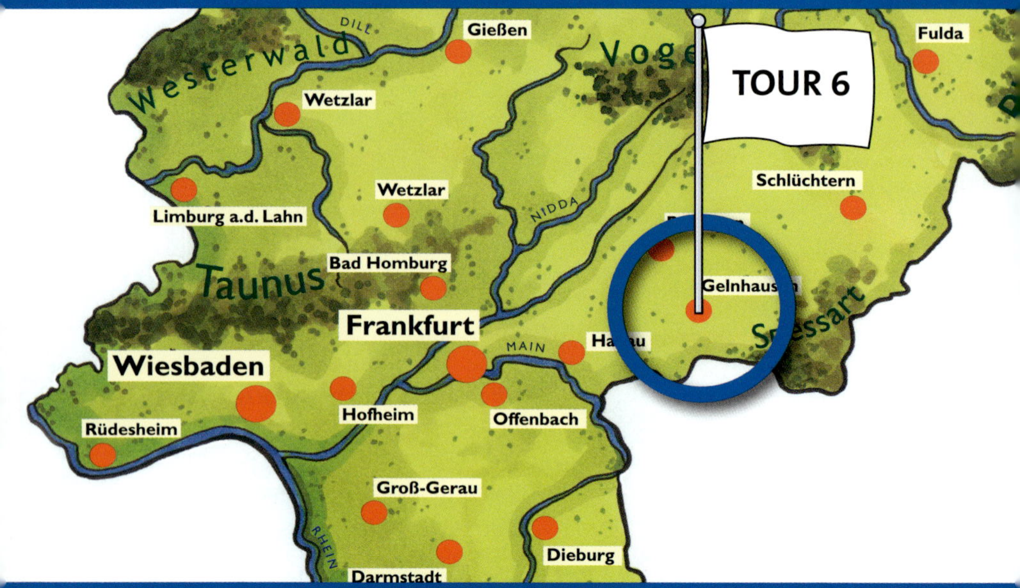

An diesem sehr sonnigen Sommertag gab es eine ziemlich lange Reise durch den Spessart: vom Pfingstweiher bei Moosborn zur Mauritiuskapelle in Bieber nach Marjoß und von dort nach Gelnhausen. Für die Fernsehsendung ein schöner Querschnitt durch eine landschaftlich sehr reizvolle Gegend, für einen normalen Tages- oder Wochenendausflug aber ganz sicher zu viel. Außerdem hängt es davon ab, ob es ein Wandertag werden soll oder ein ganz normales »da fahren wir mal hin«. Für beides gibt es im folgenden Kapitel Anregungen. Aber versuchen Sie nicht, unsere Tour an einem Tag bewältigen zu wollen!

Sehr viel Wald, aber abseits der Bundesstraßen auch immer wieder weit geschwungene Hügel, enge Täler und Schluchten. Eigentlich gibt es nur einen Spessart, der allerdings erstreckt sich über zwei Bundesländer. Der weitaus größere Teil des Naturparks liegt mit 1710 Quadratkilometern in Bayern, der kleinere mit 730 Quadratkilometern in Hessen zwischen Hanau und Schlüchtern. Der bekannteste Wanderweg durch dieses Gebiet ist der 111 Kilometer lange Eselsweg von Schlüchtern bis zum Kloster Engelberg bei Miltenberg am Main.

Früher wurde auf diesem Weg durch Esel das Salz von Orb an den

Main befördert, oder auch Glas aus den Spessartdörfern. Der Eselsweg verläuft beinahe ausschließlich über Höhenwege, oft auf weichen Waldböden ohne schwierige Anstiege. Für den Streckenverlauf über die Berge gab es in der Vergangenheit einen einfachen Grund: Die Täler waren oft über lange Zeit im Jahr der Feuchtigkeit wegen nur schwer oder gar nicht passierbar.

Wer heute diesen historischen Weg gehen möchte, sollte sich entweder viel Zeit nehmen oder die 111 Kilometer in viele Etappen aufteilen. Vielleicht folgen Sie dem Rat einer begeisterten Wanderin aus Miltenberg: Brigitte Wenniger hat den Eselsweg in 23 Tagesausflüge und acht Wochentouren unterteilt.

Der Spessart ist vor allem bekannt für seine räuberische Vergangenheit, und viele Wirthäuser knüpfen mit ihren Namen an die alten Geschichten an – sie heißen »Wirtshaus im Spessart« oder »Wirtshaus am Spessart«. Einige werden sich an das Buch von Wilhelm Hauff erinnern, das 1827 veröffentlicht wurde, oder an die gleichnamige deutsche Filmkomödie mit Liselotte Pulver und Hans Clarin aus dem Jahr 1958. Wie war das doch gleich?

Eine junge Comtesse reist mit ihrem Verlobten durch den Spessart, wird von Räubern überfallen und landet als Geisel im berüchtigten Wirtshaus. Doch statt Lösegeld schickt ihr Vater Soldaten. Die Comtesse kann fliehen, kehrt aber verkleidet zu den Räubern zurück, um dem Hauptmann als Bursche

Der Eselsweg

Alte Pilger- oder Handelswege wieder entdecken und nachwandern liegt eindeutig im Trend. Der Spessart, das immerhin größte zusammenhängende Waldgebiet in Deutschland, hat den 111 Kilometer langen historischen Eselsweg. Er führt von Schlüchtern im hessischen Main-Kinzig-Kreis in Richtung Süden bis zum bayerischen Großheubach bei Miltenberg. Der Name kommt von den Salzkarawanen, die im Mittelalter das Salz der Salinen in Orb und Fulda auf dem Rücken der Esel nach Miltenberg trugen, wo es auf dem Main verschifft wurde. Aus Schutz vor den unwegsamen und feuchten Tälern, in denen auch hier und da die berühmten Spessarträuber hausten, wurde der Weg auf den Kammhöhen des Spessarts angelegt. Viele kulturhistorische Stätten säumen seinen Weg. Besonders hervorzuheben ist das Kloster Engelberg hoch über dem Main.

Darum kommen auch die kleinen Räuber nicht herum: Vor die »Beute« hat der liebe Gott das Räuberexamen gesetzt.

Wenn man schon einen »Räuberhauptmann« aus dem Spessart vor die Kamera bekommt, sollte man ihm auch schnell ein Mikrofon ans Halstuch stecken!

Ein Räuberexamen im Spessart

Nicht zuletzt durch Wilhelm Hauffs »Wirtshaus im Spessart« ist die Region für ihre historisch belegten Räuberbanden bekannt: Der Spessart galt als undurchdringliches Waldgebiet und war somit wie geschaffen für Raubüberfälle – er bot ausreichend Möglichkeit zum Rückzug und zur Vorbereitung der Beutezüge aus dem Hinterhalt. Seit dem Mittelalter durchzog ein Netz von mehr oder weniger gut ausgebauten Straßen den Wald. Die Nähe zu Frankfurt am Main, wo zweimal jährlich Messen stattfanden, machte ihn zum Durchgangsgebiet von regelmäßigen Handelszügen. Immer wieder waren diese Straßen Schauplätze spektakulärer Raubüberfälle. Diese historische Tatsache haben die Betreiber des Gasthauses »Zum Jossatal« als Inspiration genommen für ihr »Räuberexamen«. Als Touristenattraktion kann man sich hier zum zünftigen Spessarträuber ausbilden lassen und praktisch und theoretisch seine physischen Kräfte und räuberische Qualitäten unter Beweis stellen.

zu dienen. Der braucht nicht lange, um das Spielchen zu durchschauen, verliebt sich aber trotzdem in die junge Dame.

Wer für sein Team im Unternehmen oder für eine größere Familienfeier einen professionellen Überfall oder eine profunde Räuberausbildung sucht, dem wird im Spessart geholfen: Mit Planwagen und historischen Kostümen kommen die heutigen Spessarträuber daher und überfallen kunstgerecht und mit viel Tamtam fröhliche Reisegruppen an idyllischen Orten.

Zwei Banden bieten ihre diebischen Künste an, wobei Sie in Mernes sogar ein Räuberexamen ablegen können. Verbunden mit einer Wanderung oder Kutschfahrt gelangt der Räuber-Azubi an einen Ausbildungsparcours im Wald und kämpft sich dann schrittweise durch alle Fertigkeiten, über die ein echter Spessarträuber verfügen muss: Holz sägen und stapeln, Räder rollen, eine Steinschleuder bedienen oder auch die Saufeder werfen.

Bei der Saufeder handelt es sich um eine sogenannte Auflaufwaffe, das heißt, das arme Wildschwein rannte früher in diesen Spieß hinein. Die Jagd mit Saufedern ist heute verboten, deshalb wird bei Räuberausbilder Otto Desch und seinen Kumpanen auch nur auf ein Holzschwein mit einer Art Speer geworfen, der einen Gummipfropfen an der Spitze hat. Nebenher gibt es eine zünftige Brotzeit im Wald, und nach dem mehr spielerischen theoretischen Frageteil geht es dann mit einem räuberischen Gelage in Mernes weiter.

Anders bei Günter Glück und seinen Räubern: Sie überfallen pro Jahr auf unterhaltsame Art etwa 1500 fast »ahnungslose« Menschen, die nicht nur ausgeraubt und aufgehängt werden, sondern dafür auch noch mit richtigem Geld bezahlen. So ein professioneller Raub kostet für 20 Personen etwa hundert Euro und ist sozusagen eine aufregende Freizeitinvestition.

Der Spaß von heute war vor zweihundert Jahren oft blutiger Ernst. Die Banden waren nicht selten militärisch organisiert und konnten bis zu sechshundert Mann stark sein. Überwiegend handelte es sich allerdings um kleinere, etwa zehn Mann starke Gruppen. Zwischen 1806 und 1811 soll es 25 gemeldete Überfälle gegeben haben. Einer der berühmtesten Spessarträuber war sicherlich der Hölzerlips: Georg Philipp Lang hatte seinen Spitznamen vom Holzhandel, den er zunächst betrieben hatte. Bis zu seiner Festname 1811 konnten ihm 15 Fälle von Straßenraub und 21 Einbrüche nachgewiesen werden. In Gelnhausen wurde er verhaftet und in Heidelberg zum Tode durch das Schwert verurteilt.

Warum die Räuberbanden ausgerechnet den Spessart zu dieser Zeit so herrlich fanden, hat verschiedene Gründe: Zum einen waren natürlich die Händler, die zu den Messen zogen, von großem Interesse, zum anderen war das Gebiet von vielen Herren begehrt, aber von keinem wirklich unter Kontrolle zu bringen. Das heißt, Zuständigkeitsgerangel gab es damals schon, und somit war eine ernsthafte Strafverfolgung über lange Zeit kaum zu

Die Ruhe vor dem Sturm: Auch ein echter Räuber braucht sein Nickerchen.

befürchten. Aber Hölzerlips und seine Bande wurde regelrecht gejagt, denn bei seinem letzten Coup im damals badischen Teil der Bergstraße war ein Schweizer Kaufmann an den Folgen seiner Verletzungen gestorben. Und das ging nun über seine sonst mitunter harmlose Missetaten, wie Mundraub und Wäsche von der Leine mopsen, weit hinaus.

Ein Paradies der Stille, das ist der Spessart heute für Eberhard Glänzer. Der Heil- und Kräuterkundige führt Wanderer auf besonderen Wegen durch das Naturschutzgebiet, das ihm so sehr am Herzen liegt. »Vor dem Holunder Hut herunter«, zitiert er eine alte Bauernregel, während er aus einem Glaskrug frisches Quellwasser mit Apfelsaft und ganzen Holunderblüten vermischt in unsere Gläser füllt.

Wir haben die Gefäße auf ein flaches Mäuerchen gestellt, das die Burgbergkapelle oberhalb von Bieber umschließt. Die Mauritiuskapelle, wie sie auch heißt, strahlt in hellen Farben, wie eben erst gebaut. Für den Kräuterdoktor ist sie die schönste Waldkapelle im Bistum Fulda und der Berg ein Kraftort. Genüsslich futtert er nebenbei einen kompletten Löwenzahn: Wurzel, Stengel, Kraut. Räumt den Magen auf, sagt der hagere freundliche Mann, der in seinen Leben vor dem Wald schon Hauptkommissar bei der Kripo und Bürgermeister war.

Immer wenn der Spessart-Kräuterdoktor mal kurz ausschwärmt, auf eine Wiese oder zu einem Bachlauf, bringt er etwas Pflanzliches mit: den Spitzwegerich für den Hustensaft oder zum Einreiben gegen Mücken- und sonstige Stiche, den Rotklee für den Hormonhaushalt, die Bachkresse als natürliches Antibiotikum zur Reinigung der Harn- und Atemwege, oder den Giersch. »Isst du Giersch, kannst du laufen wie ein Hi(e)rsch ...« – oder so.

Der Mann von der Spessart Akademie für gesundes Leben und naturheilkundliche Information sagt, dass er das Wissen von den Alten hat. Früher wusste man in jedem Spessartdorf um die Heilkraft der Pflanzen, und er hat's eben von seiner Großmutter. Wer also Wert legt auf profundes Wissen rund um die pflanzliche Heilkraft, dem sei eine Wanderung mit dem Kräuterdoktor durch den Spessart sehr ans Herz gelegt.

In einem lang gestreckten Tal des Spessarts liegt der kleine Ort Marjoß, heute ein Ortsteil von Steinau an der Straße. Das Besondere an Marjoß: In der Nähe gibt es noch heute umfangreiche Vorkommen eines gelblichen und gut zu verarbeitenden Tons. Er ist stark quarzhaltig, lässt sich gut drehen, und man muss ihn nicht so heiß brennen.

Über Jahrhunderte hinweg wurde auf jedem Hof das Geschirr selbst getöpfert. Von den vielen Töpfereien, die über 700 Jahre hinweg in dem kleinen Ort im Tal existierten, gibt es nur noch die eine von Georg Ruppert und seinen Töchtern. Das Familienunternehmen lässt sich un-

Die Mauritiuskapelle im Spessart.

möglich verfehlen, denn an der Straße steht als Symbol ein Tonkrug von gewaltigen Ausmaßen.

Durch einen kleinen Durchgang gelangt man in den Innenhof mit der Werkstatt und den beiden Ausstellungsräumen. An den fröhlichen Farben, den klaren Mustern und Formen erkennt man, dass hier die vielhundertjährige Tradition fortgeführt wird: Geschirr, Vasen, Figuren, Gebrauchskeramik ohne Schnörkel. Der Senior Georg Ruppert hat sich eigentlich aus dem Gewerbe zurückgezogen, kann aber die Finger nicht ganz von Ton und Farbe lassen. Und diesem Umstand ist es auch zu verdanken, dass ein ganz besonderes Gefäß nicht aus der hessischen Töpfereigeschichte verschwindet: ein großer Krug mit zwei Henkeln, in dem früher verpackt in einen Tragekorb die Suppe aufs Feld gebracht wurde, fast einen halben Meter hoch und mit einem Gewindedeckel verschließbar. Auch solche Krüge hat es bereits vor 700 Jahren in Marjoß gegeben.

Wen technische Details nicht interessieren, muss auch nicht weiter darüber nachdenken, aber ein Ge-

In der Töpferei Ruppert wird nach wie vor mit viel Liebe und Können gearbeitet.

winde zu töpfern, das war und ist schon außergewöhnlich. Schließlich müssen die beiden Gegenstücke aus Ton nicht nur zueinander passen, sondern auch funktionieren und letztlich dichthalten. Georg Ruppert, der freundliche kleine Herr, kannte zwar die Technologie, hatte sie aber in seinem Betrieb selbst nicht mehr angewendet. Erst jetzt, wo er ein wenig mehr Zeit für solche Knobeleien hat, konnte er sich wieder damit beschäftigen.

Heute haben diese Gefäße keine Funktion mehr, sie sind Dekoration und Erinnerung. Georg Ruppert hat einige davon mehr für dokumentarische Filmaufnahmen und vielleicht auch ein wenig aus reiner Neugier hergestellt. Krug und Film sind heute im Museum in Steinau zu bestaunen.

Von Marjoß bewegt sich unser Fernsehtross an diesem Tag quer durch den Spessart bis nach Gelnhausen. Ganz sicher hätten wir uns Gelnhausen für eine spätere Sendung aufgehoben, denn allein aufgrund der Entfernung passte uns für dieses »Herrliche Hessen« die Stadt nicht so recht ins Konzept, aber es gab einen aktuellen Anlass: Die Gelnhäuser Stadtführerinnen und Stadtführer hatten einen 50-stündigen Führungsmarathon vor sich, und das während der Fußballweltmeisterschaft. Sozusagen ein das besondere Ereignis flankierender sportlicher Beitrag.

Die oft szenischen Führungen in historischen Kostümen sind legendär und in ihrer Art und in ihrem Umfang in Deutschland absolut einmalig. Die Damen und Herren schlüpfen in verschiedene Kostüme und werden damit zu Angehörigen von Ständen und Berufsgruppen der 800-jährigen Geschichte Gelnhausens: Bürger, Apotheker, Generäle, Gewürz- und Tuchhändler, Kirchenbaumeister, Flößerinnen, Hübschnerinnen, Quacksalber und Könige der Nacht.

Zwei dieser Könige der Nacht haben wir auch kennen gelernt. Diese besonderen Majestäten traf man, wenn überhaupt, im Mittelalter Gelnhausens: Nachts, wenn sich kein ehrenhafter Bürger der Stadt mehr auf die Gassen traut, schlägt ihre große Stunde. Die Könige der Nacht sind die Abortgrubenkehrer oder, derb in ihrer eigenen Sprache ausgedrückt: Scheißhausfeger.

Karin und Christian Frick, gekleidet in grobe Lumpen und bewaffnet mit allen Utensilien eröffnen dem Besucher auf diese Weise einen Blick auf ihre Stadt von unten. Zwei Stunden etwa dauert im Schnitt eine solche Führung durch alle Gassen und Winkel voller Anekdoten und Stadtgeschichte. Wie alle anderen auch beherrscht das Ehepaar (beide Finanzbeamte) die Stadtgeschichte im Schlaf. Kurz: Diese Stadtführungen sind die schönste und eine sehr heitere Art, in der man die Gelnhausen kennen lernen kann.

Gelnhausen, die Barbarossastadt, liegt am Südrand des Vogelsberges und am Nordrand des Spessart – etwa in der Mitte zwischen Frankfurt und Fulda im Osten Hessens. 1170 wurde die Stadt von Kaiser Friedrich I. gegründet, deshalb auch der heute geläufige Beiname. Der Kaiser hatte sich für diesen Ort entschieden, weil er überaus verkehrsgünstig gelegen war. Die Handelsstraße von Frankfurt nach Leipzig führte durch Gelnhausen, und verschiedene Handelswege aus dem Rhein-Main-Gebiet und der Wetterau trafen hier zusammen. Im Mittelalter konnten ab Gelnhausen sogar noch Schiffe auf der Kinzig fahren.

Zusätzliche Bedeutung erfuhr die Stadtgründung durch den Bau einer Kaiserpfalz auf einer der Kinziginseln. Auf 12 000 Pfählen wurde damals das Wasserschloss gegründet, und schon 1180 war es Schauplatz eines bedeutenden Reichstages. Im Dreißigjährigen Krieg wurden Stadt und Pfalz stark zerstört und hinzukam, dass Barbarossas alte Niederlassung bis 1811 als Steinbruch diente. Glücklicherweise begannen Ende des 19. Jahrhunderts Sicherungsarbeiten, um wenigstens die Reste einstiger Bedeutsamkeit der Nachwelt zu erhalten.

Der Kaiser spendierte seiner Stadt Privilegien wie die Zollbefreiung und das Stapelrecht, und schon ließen sich viele Kaufleute hier nieder. Unter Stapelrecht ist eine bestimmte Form des Marktrechtes zu verstehen: Die Stadt konnte von den Händlern verlangen, dass sie ihre Waren für einen vorbestimmten Zeitraum anbieten, also stapeln mussten. Durch Zahlung eines Stapelgeldes konnten sie sich aber auch davon befreien lassen. Teuer wurde

Gelnhausen

Die Barbarossastadt am Rande des hessischen Spessarts ist unter den Tourismusexperten Deutschlands ein Begriff. Nicht nur, weil die Stadtgründung dem Kaiser zugeschrieben wird und Gelnhausen einst eine mächtige und reiche Handelsstadt war. Und auch nicht, weil Gelnhausen über viel Sehenswertes verfügt. Jeder, der Stadtführungen in historischen Gewändern mit Spielszenen plant, fährt zunächst zum praktischen Anschauungsunterricht nach Gelnhausen. Mit viel Liebe zum geschichtlichen Detail in Form und Inhalt machen die Gelnhäuser Fremdenführer ihre Stadt den Besuchern zum Erlebnis. Sie treten auf als Bettler und Könige, als Tuchhändler und Flößerinnen, als Hübschnerinnen und Quacksalber. Wer sich einer solchen Führung anschließt, erfährt nicht nur viel über Gelnhausen, sondern über Sitten und Bräuche deutscher Geschichte.

Ein Paradies der Stille: der Spessart.

der Spaß vor allem für jene Händler, die mit Milch, Fleisch und Fisch ihre Geschäfte machten, denn das Stapelrecht war an einen bestimmten Zeitraum von in den meisten Fällen drei Tagen gekoppelt.

Gemessen am Steueraufkommen war Gelnhausen im Mittelalter eine der reichsten Städte Deutschlands. Gelnhausen, mit seinen kleinen, oft sehr steilen Gassen kennen lernen ist immer ein sehr spannender Ausflug in die deutsche Geschichte. Nicht nur wegen der Kaiserpfalz, sondern auch wegen der vielen anderen bedeutenden Bauwerke, wie dem Hexenturm, der ursprünglich mit seinen 24 Metern Höhe als Teil der Stadt-

befestigung gebaut worden war und in dem später der Hexerei angeklagte Männer und Frauen auf ihren Prozess warteten.

Zu den sehenswerten Bauwerken gehört auch unbedingt die Marienkirche, ein Wahrzeichen. Drei der hohen, spitz zulaufenden und beinahe runden Türme sieht man schon aus der Ferne, die beiden anderen erst, wenn man einmal um die Kirche herumläuft. Da die Reformation innerhalb der Stadtmauern friedlich ablief, blieb das Innere des Gotteshauses beinahe unversehrt, so dass man die Altäre und den mittelalterlichen Lettner noch heute bewundern kann.

Der katholischen Kirche St. Peter war keine so geradlinige Historie beschieden. Sie bestand zwar in friedlicher Koexistenz zur Marienkirche und wurde im frühen 13. Jahrhundert nur wenige Jahre später gebaut, aber St. Peter fiel nach der Reformation in die Hände der Stadt, und darin lag vermutlich der Grund für ihren baldigen Zerfall. 1838 gelangte sie für 925 Gulden als Abbruchgebäude in den Besitz eines Kaufmannes, der nach dem Abriss des zweiten Kirchturms in dem übriggebliebenen Haus eine Zigarrenfabrik betrieb. Erst 1920 kaufte sie die katholische Gemeinde der Stadt und begann mit einer zunächst nur notdürftigen Restauration. In den achtziger Jahren erfolgte eine grundlegende Sanierung, und nun sieht sie mit ihren zwei viereckigen Türmen wieder richtig schick aus – eben wie eine richtige Basilika.

Wenn man von der Peterskirche langsam ein Stück bergab läuft und aufmerksam die kleinen und großen Fachwerkhäuser betrachtet, dann fällt ein Haus völlig aus dem Rahmen. Der Form nach ist es seiner Umgebung durchaus angepasst, auch die Fenster haben die richtige Größe, aber wenn man beginnt, die

Fenster zu zählen, dann gerät man schnell durcheinander. Es sind 54. Wie gesagt, Form und Grundriss entsprechen beinahe dem alten Haus, das an dieser Stelle ursprünglich stand, aber ein sehr kreatives Architektenehepaar hat hier Aufsehenerregendes geleistet: innen und außen.

An dieser Stelle leben die einzigen Menschen, die mit ihrem Schlafzimmer sozusagen außer Haus gehen oder spazieren fahren können. Gleich der Schublade einer Kommode fährt das Schlafzimmer im ersten Stock etwa drei Meter aus dem Haus. Götz Stockmann nennt es Membranfunktion – das Innere nach außen kehren; und genau das tut das Paar denn auch bei gutem Wetter und partizipiert auf diese Weise nicht nur an der Frischluft, sondern auch an der Schönheit der ringsum liegenden Gärten.

Membran hin oder her – ins Schlafzimmer schauen kann man den beiden dennoch nicht, denn es liegt ja in der Schublade und deshalb, sagt der Architekt mit einem feinen Lächeln, hat die Herumfahrerei durchaus nichts Exhibitionistisches.

Aber auch das Innenleben dieses außergewöhnlichen Hauses bietet einige Extras. Das größte ist sicherlich die in ihren Ausmaßen gewaltige und ungeschliffene graue Steinplatte, die sichtbar erhöht das Fundament des Erdgeschosses für Küchenzeile, Tisch und Stühlen bildet. Schränke sucht man in diesem Haus vergeblich – alles verschwindet hinter den glatten Wänden, und die Kaffeemaschine erscheint auf Knopfdruck mit leisem Surren aus dem Fußboden. Es gibt auch kein Badezimmer im herkömmlichen Sinn, denn auch Waschbecken und Spiegel fristen ihr Dasein hinter einer Schranktür. Auf einer Seite des Schlafzimmers steht zwar eine Badewanne, aber wenn man davor steht, kommt man zunächst nicht darauf, dass es eine sein soll: ein weiterer großer Stein mit einer Vertiefung. Die Dusche und die dazu gehörige Armatur schlummern hinter einer Klappe an der Zimmerdecke. Alles an diesem Haus wirkt durchdacht und irgendwie endgültig. Herr Stockmann vergleicht es mit dem Leben in einem Bild, und sie beide, seine Frau und er, fühlen sich in diesem Bild sehr wohl.

Aber man sollte in Gelnhausen den Kopf nicht ausschließlich nach oben drehen. Auch ein Blick nach unten eröffnet neue Perspektiven, denn sollten Sie nicht wissen, woher die Bedeutung der Formulierung »Stein des Anstoßes« kommt – in Gelnhausen begegnet man diesem Stein in beinahe jeder Gasse an Hausecken und neben Hauseingängen. Manchmal sind die Steine rundlich, mal viereckig, selten höher als 30 Zentimeter, aber immer mit einigen Gebrauchsspuren. Sie dienten früher, als die Handelswege noch mitten durch die Stadt verliefen, als Begrenzungssteine für die Karren und Kutschen, damit sie eben nicht anstießen.

Informationen auf einen Blick

Naturpark Hessischer Spessart
Fritz Dänner
Zum Wartturm 11–13
63571 Gelnhausen
Telefon 06051 8515433
E-Mail Naturpark-spessart@mkk.de
www.naturparke.de

Weitere Informationen zur Region

Eberhard Glänzer, Kräuterdoktor
Spessart Akademie für gesundes Leben und naturheilkundliche Information
Bennweg 6
63619 Bad Orb
Telefon 06052 912836 oder 06051 66258
E-Mail eberhard.glaenzer@spessart-akademie.de
www.spessart-akademie.de

Living Room
Götz Stöckmann
Kuhgasse 15, 63571 Gelnhausen
Telefon 06051 883848
www.formalhaut.de

Hufeisenhof
Kerstin und Dieter Reusswig
Hufeisenhof-Außerhalb
63589 Linsengericht
Telefon 06051 96610
Telefax 06051 966119
E-Mail info@hufeisenhof.de
www.hufeisenhof.de

Töpferei Ruppert
Georg Ruppert und
Gertrud Weimann
Brückenauer Straße 21
Jossgrund Marjoß
Telefon 06660 304
www.steinau.de/Toepferei.html

Räuberexamen
Restaurant Zum Jossatal
Familie Kröckel
Salmünsterer Straße 15
63628 Bad Soden-Salmünster/Mernes
Telefon 06660 1376
Telefax 06660 919018
www.zum-jossatal.de

Spessarträuber aus Lohrhaupten
Günter Glück
Lohrer Str. 24, 63639 Flörsbachtal
Telefon 06057 1326

Gelnhäuser Stadtführungen
Gelnhausen Tourist Information
Obermarkt 24
63571 Gelnhausen
Telefon 06051 830300
E-Mail
tourist-information@gelnhausen.de
www.gelnhausen.de

Weitere interessante Webadressen aus der Region

www.spessart.de
www.spessart-touristinfo.de
www.naturpark-spessart.de

Tour 7: Entlang der Lahn nach Runkel

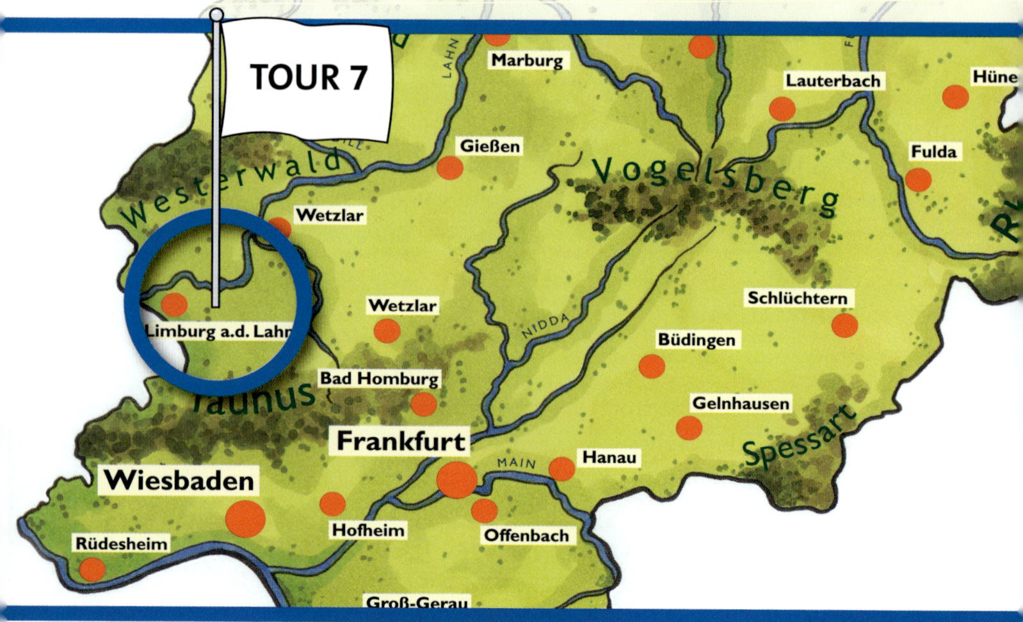

Diese Tour könnte wirklich eine sein, die sich an einem Tag gut nachfahren lässt – mit dem Auto oder dem Rad, und gute Wanderer schaffen es auch ganz leichtfüßig.

Wir beginnen den Tag ein Stückchen östlich von Villmar. Ein flacher Morgennebel liegt über der Lahn, und in den Wiesen schaukeln sich die Tautropfen. Der Fluss streicht noch etwas müde an den Ufern entlang, und nur das Wasser einer plätschernden Quelle ist zu hören.

Dieser Ort unterhalb des Naturfreundehauses wird von Radlern, Wanderern und Spaziergängern gern für eine Rast genutzt, denn neben dem kleinen Wasserfall stehen zwei roh gezimmerte Holzbänke. Mit gedrosseltem Motor kommen zwei Schlauchboote der DLRG aus Runkel um die Lahnschleife geschwommen. Mit den freundlichen Lebensrettern wollen wir an diesem Tag mit kleinen Rasten ein Stück den Fluss hinunterfahren: In Villmar werden wir den Marmorsteinbruch besuchen und natürlich in Runkel die Burg. Von da an geht's dann über den Ort Schadeck ins Kerkerbachtal zur Hofener Mühle ohne Schlauchboote weiter. Wir werden Steinmetze treffen, Fährleute, eine Prinzessin und einen Prinzen, Landsknechte und einen promovierten Müller.

Mit den zwei Schlauchbooten kommen die Männer von der Wasserwacht, nicht um zu zeigen, dass sie viele Boote haben, sondern weil wir sie darum gebeten haben. In jedes Boot eine Kamera, so entgeht uns nicht der kleinste Frosch am Ufer und auch nicht das, was uns Wolfgang Dillhöfer über die Lahn und ihre Besonderheiten erzählt.

Gemächlich tuckern wir die leere Lahn in Richtung Villmar, und Herr Dillhöfer plaudert zunächst über einen Zeitungsartikel skandalösen Inhalts, den er eben noch kurz überflogen hatte. Da stand, Deutschlands einzige Marmorbrücke sei gar nicht die einzige. Gemeint ist jene, die sich in Villmar über den Fluss spannt; hell und eben anders als viele andere Brücken. Sie verbindet den Westerwald mit dem Taunus und Villmar mit der Eisenbahnlinie am anderen Ufer. Einzige Marmorbrücke Deutschlands, das riecht nach der Geschichte vom zerstörten Superlativ.

Wir unterqueren das Bauwerk, das trotz dieser Abwertung immer noch genauso schön aussieht wie zuvor und machen hinter Villmar am Ufer fest. Ein kurzer Weg von hier bis zum Unica-Marmorsteinbruch, der gerade in die Liste der 77 bedeutendsten Geotope Deutschlands aufgenommen wurde. Aufgrund der aufregenden steinernen Vergangenheit verfügt Villmar natürlich auch über ein Marmormuseum, wir aber wollen in die Natur, dahin, wo der Marmor einst gewachsen ist.

Zum Unica-Marmorbruch führt von Villmar aus ein schöner Fußweg. Dann öffnet sich rechter Hand ein mit Büschen und Bäumen bewachsener Krater, der teilweise von einem Leinensegel überspannt wird.

Das Innere des Kraters trägt einen Marmormantel. Hohe Steinwände – auf der einen Seite grob, wie in einem Gebirge, an der anderen Seite sauber heruntergesägt und geschliffen, eine glatte Wand. Es wird laut in der langgezogenen Grube unter dem Leinensegel: Mit Fäustel, Holzknüppel und Meißel schlagen vier Männer auf kleine Marmorblöcke ein. Während der reine Hammerschlag, Stahl auf Stein, gröbere Stücke unregelmäßig herausbricht, lässt es sich mit dem Holzknüppel filigraner arbeiten. Dennoch fliegen kleinere und größere Splitter durch die Gegend, und wo der Steinmetz waltet, sollte der Gast nicht unbebrillt daneben stehen.

So einfach wie genial: der »Wolf« für Marmorblöcke.

Die vier Herren vom Lahn-Marmor-Museum gewähren an diesem Vormittag eine Sonderführung, um zu zeigen, wie früher überall hier in der Gegend Marmor abgebaut wurde. Um die grob behauenen Marmorblöcke aus dem Bruch zu bekommen, gab es einen Trick mit dem Wolf, erzählt Axel Becker. Dabei tritt natürlich kein echter Wolf auf: Mit einem langen Meißel wurde wie mit einem Bohrer ein Loch in den Felsblock getrieben. Da hinein wurde eine sich konisch nach unten vergrößernde Eisenstange mit einem Griff am oberen Ende gesteckt. Das ist der Wolf. Um nun Block und den Hebegriff miteinander zu verbinden, wurde Klebstoff gebraucht – der nächste Trick, denn der Klebstoff ist normaler Sand. Und schon ließ sich der Block mit dem Wolf heben und wegtragen. Angeblich wurden auf diese Weise Blöcke mit einem Gewicht von bis zu 20 Tonnen bewegt.

Diese glatte große Marmorwand erzeugt eine besondere Akustik auf dem Kratergrund und steht da wie ein Monument in prächtigen Farben, mal rötlich, mal braun und ockerfarben, mal in einem ganz hellen Grau. Als Wolfgang Höhler noch Steinmetz im Bruch war, waren ihm Farben, Steine und deren Geschichte völlig schnuppe, aber seitdem die Geologen ihm aus dieser Wand vorgelesen haben wie andere aus der Zeitung, hat sich sein Verhältnis zum Marmor gründlich geändert.

Mit leuchtenden Augen erzählt Herr Höhler, dass die Gegend früher der Boden eines tropischen Meeres war, mit einem Klima, wie wir es heute vielleicht in Australien vorfinden. Die Wassertemperatur bei sanften 25 Grad, und jene Tierchen, die mit ihren Kalkschalen heute am Riffaufbau beteiligt sind, gab es so ähnlich im Devon auch schon. Wir sprechen von einer Zeit, die etwa 359 bis 416 Millionen Jahre zurückliegt, eine Zeit, in der

die beiden Urkontinente endgültig aufeinanderstießen. Die Riffe wurden immer höher, später kam ein gewaltiger Druck von allen Seiten dazu, und fertig war der Kalkstein.

Herr Höhler liest nun selbst in der Marmorzeitung, weist auf Ablagerungen, die aussehen wie die Jahresringe von Bäumen und erklärt, dass dieses Gestein überallhin exportiert wurde. Man findet es in New York im Empire State Building, in Moskau im Kreml und in der U-Bahn und natürlich in den Kirchen der Umgebung von Villmar. Die Herren vom Lahn-Marmor-Museum in Villmar führen Gäste ausgesprochen gern an ihr denkmalgeschütztes Gestein. Ach ja, dieser Zeitungsartikel – der Autor hatte offenbar wirklich Recht mit seinen Behauptungen, denn die Steinmetze bestätigen, dass es schon in der näheren Umgebung so einige

Die Marmorbrücke verbindet die Lahnufer miteinander.

Die Marmorwand zeugt von der urzeitlichen Geschichte des Landes.

Brücken aus Marmor gibt. Bislang also ein gut gehütetes Geheimnis, weil niemand den Villmarern die einzige Marmorbrücke Deutschlands miesmachen wollte.

Lahnmarmor

Vor 380 Millionen Jahren herrschten in dieser Gegend an der Lahn angenehme Temperaturen. Das Meer, das seinerzeit den größten Teil Deutschlands bedeckte, hatte badefähige 24 Grad. Korallen, Muscheln, Schnecken und Schwämme beteiligten sich emsig am Aufbau der vielen Riffe und nur wenige Millionen Jahre später fand der Mensch diesen hoch geschätzten Marmor, der streng geologisch allerdings als Massenkalk bezeichnet wird. Das schöne Gestein von der Lahn wurde in Amerika, Russland, Indien, Würzburg und Berlin an exponierter Stelle verbaut. In Villmar an der Lahn kann man sich im Museum und dem Unica Steinbruch heute anschauen, wie über beinahe 2000 Jahre hinweg dieser besondere Kalk gewonnen und verarbeitet wurde. Einzig in ihrer Art ist auch die Marmorbrücke, die in Villmar die Lahn überspannt.

Mit den beiden Schlauchbooten und den Männern von der Wasserwacht geht es durch die Schleuse hinter Villmar langsam auf Runkel zu. Es gibt übrigens keine Schleusenwärter wie auf größeren Flüssen – hier muss der Wasserreisende selbst mit der Kurbel die schweren Tore aufdrehen. Zur rechten Seite liegen hinter einem flachen Ufer die Lahnauen, hinter denen die Hänge nur sanft ansteigen, zur Linken erhebt sich das Ufer sehr viel steiler. An der nächsten Biegung ragt ein hoher breiter Fels hell aus dem Wasser.

Die Loreley der Lahn, sagt Wolfgang Dillhöfer, auf deren Gipfel aber nicht die Loreley winkt, sondern König Konrad. Jener König war von 911 bis 916 der amtierende Herrscher in dieser Region und hat später das Gebiet dem König von Sachsen geschenkt. Das klingt zunächst etwas seltsam, aber für die damalige Zeit war es eine historische Leistung, aus den kleinen deutschen Splittern der Grafschaften und Fürstentümer wenigstens etwas größere zu machen. Deshalb wird besagter Konrad in der Literatur gelegentlich auch als einer der Gründer des Deutschen Reiches angesehen.

Wolfgang Dillhöfer findet jedenfalls: Was auch immer Konrad angestellt hat – er steht da oben sehr nett und es macht immer wieder große Freude, unter diesem Stein vorbeizufahren. Ein Gefühl, das Sie auch haben können, und das auf ganz verschiedene Art: Am gegenüberliegenden Ufer führt nicht nur die Eisenbahnstrecke entlang, sondern auch der gut ausgebaute Radweg. Eine weitere Möglichkeit wäre das Wasserwandern – Kanu mieten und gemächlich die Lahn hinuntertreiben.

Der Lahntourismus, der in den letzten Jahren ständig zugenommen hat, bereitet den Leuten von der DLRG zunehmend Kopfschmerzen. Wie viel Müll die Leute in ein einziges Kanu stopfen und leider auch unterwegs auf dem Wasser aussetzen: leere Limonadeflaschen, Brotpapier und alle Sorten von Verpackungen. Die Lebensretter sind zwar keine Müllmänner, aber sie gehören immer wieder zu jenen, die an der Lahn aufräumen.

Eine weitere Empfehlung zum Thema Lahn-Loreley gibt es noch: Die Straße zwischen Villmar und Runkel, die hoch über dem Gewässer verläuft, hat auf dieser Strecke einen einzigen Parkplatz, und von dem sind es bis zum Denkmal Konrads nur wenige Schritte. Dann liegen Lahn und Lahntal unter Ihnen und Sie haben von dort aus auch schon einen Blick auf das Panorama von Runkel. Die steinerne Brücke, die in weiten Bögen über den Fluss führt, der kahle Felsen zur Linken mit dem Wahrzeichen der Stadt, der Burg Runkel.

Auf der Lahninsel vor der Brücke aus dem 15. Jahrhundert verabschieden wir uns von den Männern in ihren Schlauchbooten. Zum einen liegt hier ihre Rettungsstation, zum anderen sollte man mit diesen Booten keinesfalls den zwar nicht sehr hohen, aber breiten und kräftigen Wasserfall passieren.

Die Stadt Runkel wird in einer alten Urkunde erstmals 1159 erwähnt – im Zusammenhang mit einem Siegfried von Runkel. Das ist amtlich, aber einer Sage nach wollte schon ein Ritter Karls des Großen 400 Jahre zuvor, etwa 778, hier sein

Das Wahrzeichen der Stadt.

Heute ist die Burg im Besitz von Felicitas Prinzessin zu Wied und Mettfried Prinz zu Wied.

bewehrtes Häuschen bauen. Hat er möglicherweise auch getan, denn der Überlieferung nach benannte er es nach dem Gebiet von Roncesvalles in den Pyrenäen zur Erinnerung an den dortigen Kampf gegen die Mauren.

Das spanische Roncesvalles heißt auf französisch Roncevaux, und aus Ronceval wurde dann später Runkel. Die Geschichte der Stadt und der Ritter von Runkel war über lange Zeit sehr verzwickt, voller Fehden und oft außerordentlich zänkisch, schließlich war dieser Ort am Fluss schon früher ein begehrter Bauplatz. 1250 beispielsweise wirft der eine Herr von Runkel den anderen von der Burg. Der ist dann nicht nur sauer, sondern auch nicht faul und baut sich genau gegenüber flugs eine eigene Burg, die 1288 in den ersten Dokumenten auftaucht: die Burg Schadeck.

Ruhe in Runkel war von nun an ein Fremdwort. Beflügelt durch die andauernden Familienstreitigkeiten hatte Runkel in den folgenden Jahrhunderten ständig ungebetenen Besuch. Mal waren es kroatische Truppen im Auftrag der Österreicher, die Stadt und Schloss in Schutt und Asche legten, dann kamen Hannoversche, später die Sachsen, Franzosen und Darmstädtische.

Zum Glück hatte die Stadt nach ihrer Zerstörung von 1634 genug Zeit, sich zu erholen. Die schmucken Fachwerkhäuser in den engen, steilen Gassen überschreiten selten die Höhe von zwei Stockwerken. Runkel verfügt am Lahnufer direkt unterhalb der Burg über eine nahezu schon legendäre italienische Eisdiele, ein schönes Cafe neben dem Rathaus, wo Radler gern rasten, weil sie Ihren Drahtesel im Innenhof an die Wand lehnen können, und mehrere Restaurants, die im Sommer auch Außenbewirtschaftung anbieten. Aber was im Stadtbild wirklich auffällt, das sind die vielen verschindelten Gebäude. Verschindelt – nicht verschandelt. Und natürlich fällt die Burg Runkel auf.

Nachdem der letzte Herr von Runkel das Zeitliche gesegnet hatte, ging der Besitz an das Geschlecht derer von Wied, ein Fürstengeschlecht, das die Burg Runkel noch heute besitzt, bewohnt und behütet. Heute ist alles ein wenig anders: Nicht die Burg beschützt ihre Besitzer, sondern umgekehrt. Felicitas Prinzessin zu Wied und Metfried Prinz zu Wied sind die Beschützer des alten und nicht gerade kleinen Gemäuerkomplexes.

Direkt aus der Stadt gelangt man durch zwei Torhäuser in den ersten Innenhof. Hier wohnen in einem der Seitenflügel die Durchlauchten, also da bitte nicht unbedingt klingeln. Ein weiterer Torbogen, und man gelangt in den zweiten Innenhof mit den Ausstellungsräumen. Kerker, Waffenkammer, Wohnräume, das alles kann man besichtigen. Die alte, zerstörte Kernburg ist zumindest als sehenswerte Ruine erhalten.

Niemand weiß genau, wie viele Schindeln auf den hohen Dächern liegen oder wie viele Fenster die Burg hat. Fest steht: Nach jedem Sturm und jedem etwas längeren Regen schwärmen Prinzessin und Prinz aus, um die Schäden zu registrieren und, wenn es irgendwie geht, zu reparieren. Bei meinem ersten Recherchebesuch in Vorbereitung auf diese Sendung erwischte ich den Prinzen gerade im Torhaus mit der Malerrolle in der Hand.

Die Burg Runkel

Etwa 40 bis 50 Meter über der Lahn ragt die schöne Anlage aus dem 12. Jahrhundert stolz in den Himmel. Dieses alte Gemäuer am Fluss hat viele und sehr unterschiedliche Gesichter: eines aus der Ferne, wie es da auf einem gewaltigen Lahnfelsen thront, eines aus unmittelbarer Nähe, denn im Sommer hat die Burg Runkel mit ihren Rosen, Torhäusern und Innenhöfen etwas von einem Märchenschloss und es gibt das Gesicht mit dem Innenleben, dem Burgmuseum mit schönen Zimmern, der Waffensammlung und dem Kerker. Aber auch die kleinen Gassen rund um die Burg sind sehens- und erlebenswert. Ein Tipp nicht nur für Autotouristen, sondern vor allem für Wasserwanderer und Radfahrer – dafür sorgen der Fluss und die beidseitig gut ausgebauten Radstrecken. Die Gastronomie der kleinen Stadt an der Lahn ist auf ihre Besucher gut vorbereitet.

Überall lagen noch Tapetenrollen und allerlei Handwerkszeug herum.

Die kleinen Räume in dem romantischen Bau mit der engen steilen Treppe sollen einst als Ferienwohnung vermietet werden. Obwohl beide nicht aus Runkel stammen, haben sie doch eine sehr große Liebe zu den alten Steinen entwickelt, die schon sehr früh begann. Der Prinz lebte seinerzeit noch in der französischen Zone und wurde von der Mutter mit Akten in den amerikanischen Sektor nach Runkel geschickt. Das war seine erste Begegnung mit der Burg – als Sechsjähriger. Und auch die Prinzessin war bei ihrem ersten Besuch anlässlich einer Jagd tief beeindruckt von der Größe und Schönheit des mittelalterlichen Ensembles.

Unser Besuch in der Stadt an der Land fand an einem jener Wochenenden im Sommer statt, an denen der Verein »Die RunkeLahner« Besucher wie vor 600 Jahren mit einem Nachen übersetzte. Menschen riefen »Fährmann hol über«, und schon setzte sich das kleine Boot von der Lahninsel aus in Bewegung. Nicht mit Rudern oder Stangen oder gezogen von Pferden, wie vor dem Bau der alten Brücke, sondern mit einem kleinen Außenbordmotor.

Das Vergnügen kostete rein gar nichts, und auf der Schleuseninsel gab es Speisen und Getränke bei den »RunkeLahnern«.

Für Freunde des Zeltes und des Wohnmobils soll der gut ausgebaute Campingplatz an der Lahn nicht unerwähnt bleiben. Auf dem Gelände stehen auch mehrere Tipis, in denen sich durchaus auch ein Familienwochenende ohne eigenes Zelt verbringen lässt oder auch mal ein uriger Betriebsausflug mit kleinem Team.

Geheimtipp: Die Hofener Mühle wird seit kurzem auch als Hotel und Café genutzt.

Der Mühlbach.

Gleichzeitig ist der Platz auch Start- oder Zielort für viele Wasserwanderer. Eine Fahrt auf der Lahn bleibt trotz ständig zunehmender Paddler ein Erlebnis. In den Sommermonaten und gerade an den Wochenenden empfiehlt es sich, die Buchungen zeitig vorzunehmen. Und vor allem zu starten, bevor der Fluss sich mit Booten füllt. Sonst ist alles ganz einfach: Ein Shuttleservice bringt Sie wohlbehalten wieder zu Ihrem Ausgangpunkt zurück. Sehr viel Spaß macht den Wassersportlern offenbar die Arbeit in den verschiedenen Schleusen, und hinter der an der Lahninsel bei Runkel gibt es anschließend eine kleine Stromschnelle zu bewältigen.

Wir bleiben gleich an dieser Seite des Ufers und ziehen an der schon oben erwähnten Burg Schadeck vorbei, um uns auf einer Wiese am Bach mit den »Schadecker Landsknechten« zu treffen. Ein Verein, der sich völlig dem Landsknechtleben verschrieben hat, Waffen und Kostüme selbst nach alten Vorlagen herstellt und an diesem Tag sein mittelalterliches Lager dort aufgeschlagen hat – mit Sau am Holzspieß und Suppe mit selbst gesammelten Kräutern.

Die Idee entstand ursprünglich bei einem runden Ortsjubiläum, und wenn irgendwo in Deutschland Mittelalter in größerem Stil gefeiert wird, dann sind auch die Schadecker Frauen, Männer und Jugendlichen nicht weit. Sie lassen auch selten einen Hessentagsfestzug aus. Vom Landsknechtlager, die Straße ein Stück weiter, und es eröffnet rechter Hand das Kerkerbachtal. Der Kerkerbach fließt zunächst munter durch den Wald, wo seit 300 Jahren ein bisschen Wasser abgezweigt wird, das dann als Mühlbach am Rande dieses wunderschönen Tals zur Hofener Mühle fließt.

Die Hofener Mühle ist noch ein richtiger Geheimtipp, denn erst seit einem Jahr ist sie auch Hotel und Café. Einsam zwischen Straße und Waldrand der Hof mit dem breiten Tor, Laternen auf den Pfosten, mit vier Seiten, ausgebauten Scheunen und mit Wohngebäuden.

Von den schlanken Fachwerkbauten eingerahmt stehen Tische und Bänke. Hotelgäste wohnen verstreut auf dem Mühlengelände in einfachen, aber sehr geschmackvoll eingerichteten Zimmern – einige im Wohnhaus, einige unter dem Scheunendach, aber alle speisen gemeinsam in den alten, ehemals elterlichen Räumen des »Müllers«. Die Einrichtung ist im Original erhalten und man sitzt wie in der guten Stube.

Der Müller, Dr. Gernot Dorn, ist promovierter Mathematiker, Eventmanager, Energiewerkdirektor, und nicht selten führt er Schulklassen in jene Räume der Mühle, in denen nicht nur die Räder stehen geblieben sind, sondern ein wenig auch die Zeit. Knarrende Holzstiegen führen am alten Mahlwerk entlang, und aus der Tiefe des Nebenraumes hört man leise die Turbine surren. Der Generator versorgt pro Jahr immerhin 15 Haushalte mit Strom. Mahlsteine, Becherwerk, die alten Siebe – Dr. Dorn erklärt es, als würde er heute noch die Mühle betreiben.

Hier greifen Zahnräder aus Holz und Eisen ineinander – ein altes, aber sehr wirkungsvolles Verfahren, denn die Räder müssen nicht geschmiert werden, was der staubigen Luft wegen gar nicht möglich war. Und er hat ein Faible für alte, von Hand geschmiedete Nägel. Immer wenn er einen alten Balken ausbauen muss, wird das Holz aufmerksam nach solchen Verbindungselementen durchsucht. Inzwischen hat er auf einem extra breiten Balken für den Anschauungsunterricht ein ganzes Nagelstudio eingerichtet: Eisennägel in allen Größen und Formen. Er behauptet von sich, mehr Mathematiker als Müller zu sein – seine Frau ist da ganz anderer Meinung. Sie ist sich sicher, inzwischen doch mit einem sehr ambitionierten Mahlwerksexperten verheiratet zu sein.

Noch ein Tipp zum Abschluss: Unternehmen Sie vor oder nach dem Kaffee einen ausgiebigen Spaziergang durch das Kerkerbachtal am Mühlbach entlang, bis zu jener Stelle im Wald, an der das Wasser geteilt wird. Und wenn Sie sich ruhig verhalten, läuft ihnen mit großer Wahrscheinlichkeit das eine oder andere Wildgetier über den Weg.

Informationen auf einen Blick

Städtisches Fremdenverkehrsamt
Burgstraße 4, 65594 Runkel
Telefon 06482 916127
Telefax 06482 916144
E-Mail rathaus@stadtrunkel.de
www.stadtrunkel.de

Weitere Informationen zu Runkel an der Lahn und Umgebung

Lahn-Marmor-Museum Villmar
Peter Paul Str. 39–41/
am Brunnenplatz, 65606 Villmar
Telefon 06482 607720
E-Mail
info@lahn-marmor-museum.de
www.lahn-marmor-museum.de
Öffnungszeiten: Jeden ersten Sonntag im Monat (bis September) von 14–17 Uhr. Führungen für Gruppen nach Voranmeldung auch außerhalb der Öffnungszeiten.

Burg Runkel
Burgverwaltung Runkel
Schlossplatz 2, 65594 Runkel
Telefon 06482 941472
www.burg-runkel.de
Öffnungszeiten: Täglich außer Montag, von Karfreitag bis Ende Oktober von 10–17 Uhr. Führungen nach Voranmeldungen.

Die »RunkeLahner«
RunkeLahner e. V.
Niederbrecher Weg 3 , 65594 Runkel
Telefon 06482 949765
E-Mail kontakt@runkelahner.de
www.runkelahner.de
Wassersport in Einklang mit Flora und Fauna.

Lahntours-Campingplatz Runkel
Auf der Bleiche, 65594 Runkel/Lahn
Telefon 06482 911022
Telefax 06482 5053
E-Mail campingplatz@lahntours.de
www.lahntours.de/lahn_campingplatz_runkel.html
Übernachten im Zelt, Wohnmobil oder Tipi.

Die Schadecker Landsknechte
Michael Franke
Burg Schadeck,
65594 Runkel-Schadeck
E-Mail
landsknechteschadeck@gmx.de

Hofener Mühle
Familie Dorn
65594 Runkel-Hofen
Telefon 06482 339
Telefax 06482 607789
E-Mail zugast@hofener-muehle.de
www.hofener-muehle.de

Weitere interessante Webadressen aus der Region

www.daslahntal.de
www.lahntours.de

Tour 8: Fritzlar, Felsberg und das Land der tausend Hügel

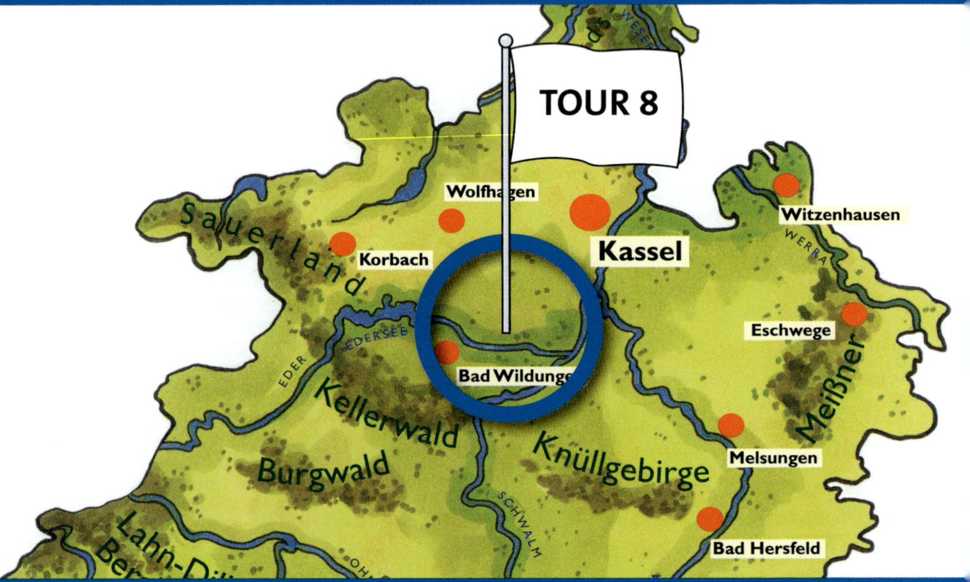

Die Gemeinde Felsberg und die Stadt Fritzlar trennen gerade mal 13 Kilometer. Felsberg mit seinen drei Burgen liegt ganz dicht an der A7 auf der Höhe von Melkungen, Fritzlar mit seinem Dom eine knappe halbe Autostunde westlich davon. Die Redaktion »Herrliches Hessen« hatte Fritzlar und Felsberg je eine eigene Sendung gewidmet, und dass hier beide in einem Kapitel behandelt werden, hat zum einen etwas mit der geringen räumlichen Entfernung zu tun, zum anderen mit dem Umstand, dass diese Tour auch an einem Tag zu bewältigen ist.

Wer wirklich nur mit dem Auto oder dem Motorrad einen Tagesausflug machen möchte, kann die Strecke sogar bis zum Edersee verlängern: den Vormittag mit einem Besuch auf der Ruine Heiligenberg in Felsberg beginnen, danach ein ausgiebiger Stadtbummel durch Fritzlar mit anschließendem Mittagessen auf dem Forellenhof, und zum Kaffee an den Edersee. Wanderer müssten für diese Strecke einen Dauersprint einlegen. Jenen, die Freude an der Bewegung in der Natur haben, sei der »Ars Natura« empfohlen – ein poetischer Wanderweg, der direkt über den Heiligenberg führt.

Eingebettet in diese Landschaft mit ihren vielen kleinen und großen

Hügeln liegt in Felsberg-Gensungen der Heiligenberg. Vom Parkplatz im Wald ein Stück unterhalb der Burgruine gelangt man entweder auf den Kunstwanderweg oder auf den Berg. Aber selbst auf dieser kleinen Strecke von vielleicht fünf bis zehn Minuten begegnet einem schon das eine oder andere Kunstwerk – manchmal figürlich, manchmal fast natürlich, unauffällig.

Die Schöpfer dieses besonderen Wanderweges möchten einen behutsamen Dialog mit Landschaft und Vegetation anregen und haben rund um den Heiligenberg naturverträgliche Materialien, wie Holz, Stein, Ton und Baumwolle verwendet. Das bedeutet auch, dass die Werke nach und nach andere Formen annehmen, bevor sie irgendwann vielleicht ganz mit der Umgebung verschmolzen sind. Auf den 70 Kilometern zwischen Spangenberg, Melsungen, Felsberg, Fritzlar bis Bad Zwesten warten inzwischen etwa hundert Kunstwerke auf die Wanderer.

Rund um den Heiligenberg gehen Kunst und Natur eine besonders angenehme Verbindung ein, und auch der schönste Sonnenschein vermag dieser Symbiose nichts von ihrer Mystik zu nehmen. In einer langen Kurve führt der Weg nach oben durch ein Burgtor hindurch auf ein Plateau in der Größe eines Fußballfeldes, und von hier gelangt der Besucher auf felsigem Grund zum Burgfried. Einige Stufen im Kreis herum, dann liegt einem fast das ganze nordhessische Bergland zu Füßen: mit den Wildunger und Waldecker Bergen, dem Habichtswald, dem Eisenberg im Knüll und dem Meißner.

Der Aufstieg zum Turm ist auch eine kleine Abenteuerreise und insbesondere für mittelalterbegeisterte Familien der ideale Ausflugsort. Unterhalb des Burgfrieds stehen auf einem kleineren und von einer Mauer umgebenen Plateau Bänke und Tische – der ideale Ort für ein ausgedehntes Picknick vor zauberhafter Kulisse.

Die gesamte Anlage wird seit Jahren vom Heiligenbergverein gepflegt. Diesem Verein von Felsberger Wanderfreunden ist es zu

Auch in der kalten Jahreszeit lohnt sich ein Abstecher zur Burgruine Heiligenberg.

danken, dass von der einstigen Burg überhaupt noch etwas zu sehen ist. Die Chatten, ein Stamm der Germanen, haben wahrscheinlich schon hier gerastet, später die Franken. Geschichtsschreiber gehen davon aus, dass der Mainzer Bischof 1181 diese Burg bauen ließ, um sein Fritzlar vor den Thüringer Landgrafen zu schützen. Der Plan funktionierte nur bedingt, denn 1232 gelang es einem dieser Grafen, das Gemäuer in seine Einzelteile zu zerlegen. Aber das Erzbistum ließ die Burg auf dem Heiligenberg umgehend wieder aufbauen. Nur 40 Jahre später war es dann ein hessischer Landgraf, der alles kaputt machte.

Die Burg Feldberg.

Nachfolgenden Adelsfamilien gelang weder die grundlegende Erneuerung noch die nachhaltige Pflege der Verteidigungsanlage. Gras wuchs über den Heiligenberg. 1761 hatten die Franzosen zwar noch einmal die strategische Bedeutung und die Aussicht der Erhebung genossen, aber auch das war nur ein siebenwöchiges Intermezzo. Erst hundert Jahre später, mit der Gründung des Heiligenbergvereins, kam mit unzähligen Arbeitsstunden und über viele Jahre hinweg wieder Bewegung auf den Hügel.

Nicht sehr weit vom Heiligenberg entfernt liegt ein Kloster, das Bienenkloster. Es handelt sich, um es nun genau zu machen, um das Bienenkundezentrum »Alte Kartause Gensungen«. Bienenkloster klingt allerdings spannender, auch wenn die Bienen hier ganz normal wie alle Bienen leben und ohne religiöse Einschränkungen ihrer Arbeit nachgehen. Und das in einer Umgebung, wie sie romantischer kaum sein könnte.

Das bienenkundliche Museum mit Zucht- und Lehrbienenstand liegt mitten im Naturschutzgebiet auf einem ehemaligen Klostergelände. Dicke Mauern, ein wilder Garten, die Ruine der alten Kapelle – das alles macht diesen Ort zu einem kleinen stillen Paradies. Gegründet wurde dieses besondere Kloster 1217 von den Ordensfrauen der Augustinerinnen. Nach 1440 wurde in den Gebäuden ein Männerkloster des Kartäuserordens eingerichtet. Über die Gründe für diesen Wechsel kursieren die wildesten Gerüchte, aber das kann auch alles üble Nachrede sein.

Nach der Reformationszeit war auch die Zeit der Kartäuser vorbei, der Landgraf übernahm den Besitz, der dann allerdings durch ein Feuer zerstört wurde. Nun ist es eben ein Bienenkloster und ein Ort, an dem man nach Voranmeldung in alten Gemäuern viel über die zweibeinigen und geflügelten Honigmacher lernen kann.

Die zweite Burg im Burgenland von Felsberg ist die Altenburg. Auch sie liegt auf einem der Hügel, aber längst nicht so hoch wie die beiden anderen. Einfach so besichtigen kann man sie nicht, denn sie befindet sich im Privatbesitz der Freiherrenfamilie von Boineburg.

Ein hohes geschmiedetes Tor mit einem gemauerten Bogen ragt vor dem Berg auf, und durch die Gitterstäbe blickt man auf den Gutshof am Fuße des Burgfelsens. Das Herrenhaus ist eine seltsame architektonische Mischung: ein Fachwerkbau mit einem Eingangsportal wie bei einem kleinen Schloss. Die Schwestern von Boineburg leben hier sehr idyllisch, aber auch sehr zurückgezogen.

Nach einem Anruf und einem Antrittsbesuch haben sich nach einigem Überlegen die betagten Damen zum Interview bereit erklärt. Schließlich sollte es um ihren Vater gehen, der sich als letzter Stadtkommandant von Paris geweigert hatte,

Das Stadtbild von Fritzlar wird überragt von der Stiftskirche St. Peter – heute ist der Dom päpstliche Basilika. »Basilica minor« ist ein Ehrentitel, den der Papst einer bedeutenden Kirche unabhängig ihres Baustils verleiht.

den Befehl Hitlers zur Zerstörung der Stadt an der Seine auszuführen. Der Generalleutnant gehörte auch zu jenen, die aktiv in das Attentat auf Hitler am 20. Juli 1944 verwickelt waren. Zeitgleich zu den Geschehnissen in Berlin sollte auch in Wien und in Paris die Machtübernahme durch den Widerstand erfolgen. Und genau das geschah auch. Von Stauffenberg, in dem festen Glauben, Hitler sei bei dem Anschlag umgekommen, informierte Wien und Paris, und nach einem

Der Pferdemarkt lockt Tierliebhaber von nah und fern nach Fritzlar.

vorbereiteten Plan wurden in der französischen Hauptstadt SS, SA und alle anderen Gefolgsleute handstreichartig festgesetzt.

Auf die Frage, wie denn ihr Vater letztlich mit dem Leben davongekommen sei, lachen die beiden Damen: Zum einen war diese Operation nachträglich als Übung deklariert worden, zum anderen war die Aktion insbesondere der SS und dem Geheimdienst dermaßen peinlich, dass letztlich Vertuschen besser als Versetzen und Bestrafen war.

Von Boineburg kam nach dem Krieg wieder auf die Altenburg zurück, holte seine Töchter nach, arbeitete als Versicherungsvertreter, als Landwirt, war später auch Ortsvorsteher und wurde mit militärischen Ehren in den achtziger Jahren an der Altenburg beigesetzt. Eine Geschichte, die vielleicht immer mehr Fragen stellen als beantworten wird, die aber auch in dieser fragmentarischen Form nicht vergessen werden soll. Auch bei hartnäckigen Recherchen war über den Reichsfreiherren und General nicht viel herauszubekommen. Weder im Zusammenhang mit dem 20. Juli wird er näher erwähnt, noch seine Rolle in den folgenden Jahren. Selbst den sehr aktiven Heimatforschern in der Region ist diese Geschichte immer wieder ein Rätsel.

Aber auch vieles in der älteren Geschichte der Altenburg bleibt ungeklärt – niemand weiß genau, wann sie gebaut wurde und von wem. Vermutlich liegen ihre Anfänge in der Stauferzeit. Über ihr Ende als Wehranlage ist hingegen mehr bekannt: Es war ein Trupp aufständischer Bauern, der aus dem Fränkischen bis an die Altenburg vorgedrungen war, sie einnahm und zerstörte. Die Ruine wurde durch die Landgrafen schließlich 1537 an die Boineburg übergeben. Das Gelände ist für die Öffentlichkeit nicht zugänglich, aber hin und wieder gestatten Britta und Sigrid von Boineburg dem Felsbürger Burgenverein eine Führung.

Sehr imposant auf einem Basaltkegel steht die Felsburg über Felsberg. Und da steht sie schon seit über tausend Jahren. Da die alte Salzstraße von Bad Sooden-Allendorf über Felsberg ins Ruhrgebiet führte, war es gar nicht schlecht, an dieser Stelle etwas Standhaftes zu haben, mit dem sich die Ederfurt bewachen ließ. Auch heute als Ruine ist die Felsburg beinahe ein Naturschauspiel: Der Bergfried mit dem schmalen Aufsatz, der von weitem aussieht wie eine Rakete, und mit der Burgkapelle, in der seit kurzer Zeit auch geheiratet werden darf, und den gewaltigen Mauern.

Diese Wehranlage hatte nach den Grafen von Velisberc noch viele Bewohner: Landgrafen, Landvogte, Alchimisten, die hier Gold machen sollten, und schließlich auch Landgräfin Anna, die Mutter Philipps des Großmütigen. Den Dreißigjährigen Krieg hat die Felsburg ganz gut überstanden, aber die Besetzung durch die Franzosen 1762 nicht mehr.

Seit vielen Jahren kümmert sich mit unendlich viel Mühe und Aufwand der Burgverein Felsberg um dieses Erbe der Vergangenheit. Unterhalb der Burg gibt es einen Parkplatz, aber man kann auch auf einem schmalen Pfad an einem Geländer entlang den Berg erklimmen, um oben die wunderbare Aussicht zu genießen.

Die Straßen in der Domstadt Fritzlar liegen noch leer und verlassen in der kühlen Morgensonne, die Sonnenschirme auf dem Marktplatz, umgeben von den prachtvollen Fachwerkhäusern, sind noch nicht gespannt, träge fließt die Eder unter einer Brücke hindurch, und aus der Nähe hört man schwere Autos und Traktoren rangieren.

Pferde und Kühe werden ausgeladen. Die Kühe kommen noch mal unter den Wasserschlauch – sorgfältig werden Euter und Hufe gewaschen, Schwänze gebürstet, die Oberlinie gerichtet, und die Pferde bekommen noch kleine Zöpfchen in die Mähne – immer in ungeraden Zahlen, denn die erste Pferdestärke ist: gut aussehen.

Es ist der Tag der großen Modenschau für die ländlichen Vierbeiner,

Der Fritzlarer Pferdemarkt

Seit über 125 Jahren findet in der Domstadt alljährlich Hessens größter Pferdemarkt statt. Am Marktwochenende wird das Festgelände dann von über 600 Tieren bevölkert. Nur 300 davon sind jedoch Pferde, der Rest teilt sich in unterschiedlichste Rassen von Schafen, Ziegen, Geflügel und vor allem Kühen auf. Die Tierschau beginnt in aller Frühe mit dem Viehauftrieb. Dann geht es zum Waschen und Frisieren der Pferde und Kühe. Eine Marathonveranstaltung mit hohem Unterhaltungswert! Wer vorzeitig aufgibt: Gleich hinter dem Parcours liegt das Festgelände mit zahlreichen Fahrgeschäften und Buden. Ein Jahrmarkt im wahrsten Sinne des Wortes.

Pferdemarkt in Fritzlar auf einem schönen Areal auf einer Ederwiese. Etwas aufgeregt tänzeln die Pferde über den Platz, und völlig gelassen marschieren die Kühe am Zaumzeug zu ihrem Ausstellungsort. Dieser 125. Fritzlarer Pferdemarkt ist schon etwas Besonderes. 600 Tiere, Hasen, Schafe und diverses Geflügel beginnen das Feld zu beleben, nach und nach treffen zahlreich auch die Besucher ein, bewaffnet mit allerlei schützenden oder zierenden Kopfbedeckungen und dem einen oder anderen Heftchen für die Notizen über Stuten, Stutfohlen, Hengste – Züchter haben's gern schwarz auf weiß.

Der Platz ist für das Schaulaufen der Pferde in sogenannte Ringe unterteilt, und jeder Ring ist eine Art eigene Arena mit jeweils zwei Ringrichtern – sonst wäre das gewaltige Pensum nicht zu bewältigen. Es geht um Titel und Pokale, Ehre und Gesehenwerden. Die Erfolgreichsten stehen anschließend in der Zeitung. Auch für Ahnungslose hat dieser besondere Markt seinen eigenen Reiz, denn in einem eigentümlichen Pferdechinesisch werden die Vorführungen von den Schiedsrichtern über Lautsprecher kommentiert.

Fohlen haben zum Beispiel ein Fundament, ein Gebäude und eine Schwebephase. Sie sollen locker abfußen und dann elastisch durch den Körper schwingen. Keine Angst, das tut dem Fohlen nicht weh, es klingt nur seltsam. Bedienungsanleitungen von Haushaltsgeräten versteht man ja oft auch nicht.

Für Besucher mit Spaß am Beobachten anderer Menschen ist dieser Platz ein Paradies – insbesondere dann, wenn man die Züchterinnen und Züchter bei den Vorführungen mit ihren Pferden betrachtet. Nicht alle sind körperlich so gut in Form wie ihre Tiere und manchmal auch nicht so schnell, andere wiederum versuchen eine Art Gleichschritt mit dem Tier und geraten dann auch mit dem eigenen Unterbau hin und wieder in eine sehr originelle Schwebephase.

Fritzlar war einst und über viele Jahrhunderte eine Weltstadt. 919 wurde Heinrich I. hier zum König erhoben, anschließend galt Fritzlar als das Zentrum des Heiligen Römischen Reiches Deutscher Nation. Synoden und Reichstage fanden hier statt, und wer aufmerksam die

Die Domstadt Fritzlar

Geprägt durch eine fast vollständig erhaltene Stadtbefestigung, den kunstvollen Stein- und Fachwerkhäusern sowie dem malerischen Marktplatz mit seinem Rolandsbrunnen, bietet die Stadt viele kulturhistorische Bauwerke und schöne touristische Sehenswürdigkeiten.

Zu den schönsten und bemerkenswertesten Gebäuden zählen Deutschlands ältestes Amts- und Rathaus und der St.-Petri-Dom. Gegründet wurde die Kirche von Bonifatius, der besonders in dieser Region predigte. Wer den Dom aufsucht, sollte sich unbedingt den Domschatz anschauen, denn keine andere hessische Kirche hat einen so wertvollen Besitz an edlen religiösen Kultgeräten.

imposanten Wehranlagen anschaut, den umweht bestimmt ein Hauch der Erfolgsgeschichte.

Hier steht mit 38 Metern nicht nur der höchste städtische Wehrturm Deutschlands, der Graue Turm, sondern auch die beiden ältesten noch erhaltenen. Sie waren im 12. Jahrhundert direkt vor die Stadtmauer gesetzt worden. Überhaupt verfügt die Stadt über eine beinahe unverschämt hohe Turmdichte, denn mit den drei genannten ist es längst nicht getan. Obwohl Fritzlar nie Bischofssitz war, wurde St. Peter doch von der einfachen Kirche zum Dom befördert.

Die Kaiserstadt hatte auch eine zutiefst religiöse Bedeutung. Nicht nur weil der Erzbischof von Mainz gegen Ende des 11. Jahrhunderts in den Besitz von Fritzlar gelangt war und hier einen Verwaltungssitz hatte. Sein Fritzlarer Amtshaus wurde 1109 erstmals urkundlich erwähnt und ist damit das älteste Amts- und spätere Rathaus Deutschlands.

Und dann ist da noch die Sache mit dem Heiligen Bonifatius, dem wahrscheinlich schnellsten Mann aller Zeiten. Zumindest muss man das annehmen – bei der Vielzahl der Quellen, an denen er allein in Hessen getauft und gepredigt haben soll. Und er war – glaubt man den Geschichten – ein begnadeter Holzfäller. Wir haben uns vor dem Dom mit Dr. Johann-Henrich Schotten verabredet, einem Archäologen und Kenner der Geschichte. Und der sagt, dass 723 ein

Der Heilige Bonifatius.

ganz schlechtes Jahr für Eichen war. Umgangssprachlich würde man heute sagen: Bonifatius hat sie »umgemacht«.

Natürlich war das nicht einfach so eine Eiche, sondern eine ganz besondere. Sie war Donar oder Thor geweiht und galt den hier lebenden Chatten als Heiligtum. Das konnte der Mann, der aus England aufgebrochen war, um Ordnung in die hiesige Missionierung zu bringen, nicht einfach so stehen lassen. Um die Überlegenheit des Christentums zu demonstrieren, musste die Eiche weg, und aus ihrem Holz wurde anschließend eine Kapelle

Darauf kann die Stadt stolz sein: In Fritzlar steht das älteste Amts- und Rathaus des Landes!

gezimmert – vermutlich genau da, wo heute der Dom steht.

Wie die Chatten das aufgenommen haben, bleibt im Dunkeln. Vielleicht hatten sie sowieso von ihrem Thor die Nase voll, vielleicht aber wurden sie auch durch die schwer bewaffneten fränkischen Soldaten in Bonifatius' Begleitung milde gestimmt. Die Büraburg unweit der Eiche war sowieso schon seit langem bis an die fränkischen Soldatenzähne bewaffnet. Niemand kann heute sagen, wie es damals wirklich passiert war, denn Dr. Schotten berichtet, dass einer Quelle zufolge die Eiche dermaßen morsch war, dass sie beim ersten Schlag bereits in vier Teile zerfiel. Ob dieses Holz wirklich für eine Kapelle geeignet war?

Bonifatius wird oft auch als Apostel der Deutschen bezeichnet, und in der Vergangenheit wurde ihm die Missionierung weiter Teile heidnischen Landes zugeschrieben, aber vieles deutet darauf hin, dass nun gerade die Gegend um Fritzlar seit langem bestens christianisiert war. Bei der Renovierung der Kirche auf dem nahe gelegenen Büraberg fanden Wissenschaftler im alten Mörtel verkohlte Holzreste.

Die wurden mit Hilfe neuester Technologie in Zürich auf ihr Alter untersucht, und das Ergebnis lieferte zwei Werte, zwei Jahreszahlen: 560 und 660. Das Christentum, welcher Glaubensrichtung auch immer, war also schon vorher da, mehrere Generationen vor Bonifatius. Die ihm bislang zugeschriebene Rolle wird dadurch zwar erheblich eingeschränkt, was aber die historische Leistung des Bonifatius nicht schmälert.

Dr. Schotten bringt es auf den Punkt: Der Aufstieg der römisch-katholischen Kirche beginnt mit einem Reformator und endet mit einem solchen.

Ein gutes Stück den Berg hinunter in einem Tal außerhalb von Fritzlar findet man das Anglerparadies, nicht nur ein Wohlfühlort für Angler. Am Waldrand liegt ein großer Teich, an dem man auch ohne Angelschein Forellen aus dem Wasser holen darf. Entweder nimmt man sie anschließend mit oder lässt sie gleich an Ort und Stelle zubereiten, denn am Ufer des kleinen Sees liegt auch das Restaurant, ein flacher Holzbau, nichts Besonderes, nicht groß, aber wild-romantisch.

Zweimal täglich wird geschlachtet, und neben Forelle blau und Forelle Müllerin kommt auch die Spezialität des Hauses auf den Tisch, die Mandelforelle. Paniert mit ganz dünnen Mandelblättchen und leicht in Butter gebraten, so erklärt Erika Kiesewetter ihr kleines und nicht so ganz geheimes Betriebsgeheimnis. Überwiegend kommen Großväter mit ihren Enkeln hierher zum Angeln, und die Wirtin hat immer wieder beobachtet, dass sich die Enkel weitaus geschickter anstellen als die Opas. Aber keineswegs ist es so, dass die Amateurfischer Schulter an Schulter stehen und sich ihre Angelsehnen verheddern – das Anglerparadies ist ein ruhiger, beschaulicher Ort und ein echter Tipp.

Für viele ist ein Ausflug einfach nur ein Ereignis, bei dem man die Wohnung verlässt, um woanders zu sein, andere haben Freude an der Bewegung, und wieder andere gehen gern auf Entdeckungsreisen, um etwas zu lernen und zu erfahren. Warum nun auch immer: die Gegend zwischen Felsberg und Fritzlar bedient alle Gruppen, und wenn man nach der Art der Fortbewegung geht – ja, die sanft ansteigenden Hügel und die abwechslungsreiche Landschaft mit den offenen Blicken in die Ferne sind auch für weniger trainierte Wanderer und Radfahrer sehr zu empfehlen.

Informationen auf einen Blick

Gemeinde Felsberg
Vernouillet-Allee 1
34587 Felsberg
Telefon 05662 5020
Telefax 05662 50249
E-Mail stadtverwaltung@felsberg.de
www.felsberg.de

Tourist Information der Stadt Fritzlar
Rathaus
Zwischen den Krämen 7
34560 Fritzlar
Telefon 05622 9888
Telefax 05622 988638
E-Mail stadt@fritzlar.de
www.fritzlar.de

Weitere Informationen zur Region

Fritzlarer Pferdemarkt
Eines der größten Volksfeste in Nordhessen mit Vieh- und Krammarkt, Vergnügungspark, Viehauftrieb, Gewerbeausstellung und Riesenfeuerwerk. Das Event findet alljährlich auf dem Fritzlarer Festplatz vom 2. Donnerstag bis Sonntag im Juli statt. Weitere Infos über die Tourist Information der Stadt Fritzlar (siehe oben).

Regionalmuseum Fritzlar
Dr. Johann-Henrich Schotten
Am Hochzeitshaus 6–8
34560 Fritzlar
Telefon 05622 798597
Telefax 05622 798597
E-Mail
info@regionalmuseum-fritzlar.de
www.regionalmuseum-fritzlar.de

Forellenrestaurant Anglerparadies
Erika Kiesewetter
Mühlenallee 6
34560 Fritzlar
Telefon 05622 2851
www.anglerparadies-kiesewetter.de

Die Felsburg und die Altenburg
Burgverein Felsberg
Johannes Poth/Thomas Schmidt
Telefon 05662 2501
oder 05662 6100
www.burgverein-felsberg.de

Burg Heiligenberg
Heiligenbergverein Gensungen
Fritz Strack
Telefon 05662 2575
www.heiligenbergverein.de

Bienenkundezentrum
»Alte Kartause Gensungen«
Bezirksimker-Verein Felsberg
und Umgebung 1914 e. V.
(Nordhessen)
Herbert Schmidt
Schönbergstraße 19
34587 Felsberg
Telefon/Telefax 05662 4688
E-Mail email@biv-felsberg.de
www.biv-felsberg.de

Das »Anglerparadies«.

Pferdepflege, Ausbildung, Hufbearbeitung, Westernreiten und Wanderreiten
Jürgen Schmekel
Müllergasse 1
34587 Felsberg-Gensungen
Telefon 0175 6389453
E-Mail info@pferdehilfe.net
www.pferdehilfe.net

Weitere interessante Webadressen aus der Region

www.waldecker-land.de
www.nordhessen.de

Tour 9: An der Neckarschleife

Wenn man von oben hinunterschaut, vielleicht aus einem Ballon (wahlweise geht auch eine Landkarte), dann beschreibt der Neckar ganz im Süden Hessens eine große Schleife. Die macht den Grenzverlauf zwischen Hessen und Baden-Württemberg vom Boden aus gesehen etwas undurchsichtig. Und mindestens ebenso nebulös sind die Folgen dieses seltsamen Verwaltungsgebildes. Aber dazu später mehr.

Es gibt jedenfalls keine einzige für das Auto befahrbare Straße ins hessische Hirschhorn, die nicht durch Baden-Württemberg führt. Dennoch ist Hirschhorn keine Enklave und es ist auch nicht, wie oft angenommen, der südlichste Punkt Hessens. Der liegt mitten im Neckar bei Neckarsteinach. Blicken Sie noch durch?

Wir haben uns für diesen Tag eine Route vorgenommen, die vom badischen Dilsberg über den Fluss nach Hessen führt und letztlich in einem Ort endet, der zwar einen Namen hat, aber zwei Ortsschilder und demzufolge Eigentum zweier Bundesländer ist. Verrückt und in Deutschland einmalig. Beginnen wir auf der badischen Seite, auf dem Dilsberg.

Der Dilsberg liegt hoch über dem Neckar, eine Festung mit einer Ministadt. Graf von Tilly belagerte

1621 die Burg, scheiterte jedoch am hartnäckigen Widerstand der Dilsberger. Angeblich schlugen sie ihn mit gut gefüllten Bienenkörben oder Wespennestern in die Flucht. Für Besucher dieser gewaltigen Verteidigungsanlage endet die Straße heute auf einem langgestreckten Parkplatz hoch über dem Neckar. Zu Fuß geht es durch das imposante Torhaus mit der Uhr über dem Durchgang steil bergan. Über altes Kopfsteinpflaster gelangt man beinahe bis ins Mittelalter, denn hinter der Festungsmauer verschanzen sich dicht gedrängt kleine Fachwerkhäuser mit schmalen Türen.

Dem Schild »Burg« folgend gelangt man nach bereits fünf Minuten zum Kern der Feste. Gebaut wurde sie vermutlich von einem Grafen mit dem fröhlichen Namen Poppo in der Zeit von 1150 bis 1200, aber Funde aus der Römerzeit lassen vermuten, dass sich an dieser Stelle bereits viel früher eine Signalstation befunden hat: Die Römer waren auf ihren Sandalen weit herumgekommen – warum nicht auch bis zum Dilsberg.

Das Areal ist eine sehr gut erhaltene Ruine mit Elementen wie aus einem Burgbaukasten: ein Kommandantenhaus, eine Zehntscheuer, eine unglaublich hohe innere Mauer, die eine eigenartige Akustik erzeugt. Auf den Eingangsstufen zum Treppenturm haben wir uns mit Ludwig Heyer verabredet, einem abtrünnigen Badenser, der vor vielen Jahren nach Hessen ausgewandert ist und nun in der Gegend, die er gut kennt, Führungen macht. Immer im Kreis herum geht es mit Herrn Heyer die Wendeltreppe steil nach oben. Früher war dieser Treppenturm ein Teil des dreistöckigen Palas, jetzt erreicht man am Ende aller Stufen eine schmale Holzbrücke, die auf die 16 Meter hohe Schildmauer hinüberführt.

Ein Bauwerk, auf dem sich gut die eigene Höhenangst überprüfen lässt, aber wenn man mal oben ist,

Start- und guter Aussichtspunkt: der Dilsberg.

Burg Dilsberg.

breitet sich zu Füßen Dilsberg und fast die ganze Welt aus. Weit ins Land kann man schauen und sieht auf der anderen Seite des Flusses auch die vier Burgen von Neckarsteinach, die da drüben liegen, als hätte sie jemand mit Nordseesand an den Berghang gekleckert.

Diese Schildmauer ist auch das traurige Finale eines dramatischen – wie es Herr Heyer ausdrückt – Rührstücks. Was man den alten Steinen natürlich nicht ansieht. Dieses Rührstück wird in so vielen, voneinander immer etwas abweichenden Varianten erzählt, dass man es am besten in einer Freistilausführung zusammenfasst: Die Tochter des damaligen Burgherren, Graf Heinrich von Düren, hatte zunächst das Glück, von zwei Männern verehrt zu werden. Beide lebten in Sichtweite schräg gegenüber auf der anderen Seite des Neckar: der Landschad von Steinach und der Ritter Wolf von Hirschhorn.

Dem Landschad war sie versprochen, den Ritter Wolf liebte sie. In der einen Variante war Ritter Wolf auf dem Weg zu seiner Hochzeit und wurde dort vom Landschad erschlagen, in einer anderen, die Herr Heyer am Tatort erzählt, geschah der Mord erst während des Festes. Aber alle Versionen enden mit dem tragischen Freitod der Rose vom Dilsberg, die sich von der Schildmauer in die Tiefe stürzte. Und an jener Stelle, an der man die Tote fand, wuchs später ein großer Strauch mit weißen Rosen.

Diese Geschichte wurde auf beiden Seiten des Neckars unterschiedlich ausgeschmückt und nach Belieben erweitert. Lange Zeit wurde auch erzählt, dass im 50 Meter tiefen Brunnen im Burghof ein geheimer unterirdischer Gang läge. Und tatsächlich wurde 1926 bei Arbeiten ein Tunnel entdeckt: etwa 80 Meter lang und zwei Meter breit führt er durch den Fels an den Berghang. Durch diesen Gang können Sie heute wieder die Feste verlassen, etwas gebückt zwar, aber unbemerkt. Die »Rose vom Dilsberg« lebt übrigens wieder und springt jedes Jahr aufs Neue in den Abgrund – einer der Theater-Höhepunkte neben anderen Aufführungen und Konzerten im Innenhof der Ruine.

Ein Stück den Berg hinunter steht ein gelbes Eckhaus. Die Aufschrift über der Eingangstür weist auf ein Gasthaus hin, doch ein Schild an der Außenwand trägt den Schriftzug »Chocolaterie«. Die Chocolaterie im Gasthaus »Zur Burg« von Eva Heß, Konditormeisterin und Zuschauern des SWR auch aus der Sendung »Kaffee oder Tee?« bekannt.

In den liebevoll gestalteten kleinen Räumen verkauft die Pralinenprinzessin ihre kleinen Meisterwerke: Trüffel und handgeschöpfte Schokolade in allen erdenklichen und nicht für möglich gehaltenen Spielarten. Sie selbst mag auch am Abend noch immer Pralinen essen, am liebsten Passionsfrucht. Eva Heß spricht von Schokolade als einem der schönsten Rohstoffe der Welt. Ganz nebenbei macht sie übrigens auch sehr leckere Konfitüren.

Und lassen Sie sich nicht von dem Gasthausschild irritieren – Bratwurst wird hier nicht serviert, doch wen hier oben auf dem Dilsberg der Hunger packt, der muss sich nicht ausschließlich von Pralinen, Schokolade und Marmeladen ernähren – Gasthäuser, Eisdielen und Cafés gibt es hier oben auch.

Wir verlassen den Dilsberg und rollen gemächlich die Straße durch die Berge zum Neckar hinab zum Neckarhäuser Hof. Fast so zuckersüß wie die Pralinen von Eva Heß steht am Neckarhäuser Hof ein kleines Fährhaus. Dort hält der Fährmann zwischendurch mittags gern mal sein Nickerchen oder flüchtet vor Sturm und Regen dorthin. Wer zum hessischen Ufer will und einen langen Umweg vermeiden möchte, nimmt diese kleine Autofähre.

Ein Genuss für den Gaumen: In der Chocolaterie im »Gasthaus Zur Burg« läuft einem schnell das Wasser im Mund zusammen.

Die Feste Dilsberg

Die Feste Dilsberg ist eine eigene kleine Welt für sich. Besucher müssen ihr Auto vor der Stadtmauer zurück lassen und erschließen den weithin sichtbaren, auf einem Felsrücken im Neckartal liegenden Ort zu Fuß. Funde aus der Römerzeit lassen darauf schließen, dass der Dilsberg früher zunächst als Signalstation und später als mächtige Festung über dem Neckar diente. Heute ist es ein idyllisches Dorf, das mit seinen alten Steinhäusern fast toskanisches Flair aufweist. Sehenswert und erlebnisreich ist die Burg Dilsberg mit einem geheimen unterirdischen Gang und ihrer gewaltigen Schildmauer. Von dort genießt der Besucher einen unbeschreiblichen Rundblick in die Region. Nicht verpassen sollte man einen Besuch in der Chocolaterie im »Gasthaus zur Burg«. Die Trüffel in Champagner oder Passionsfrucht von Konditormeisterin Eva Hess sind ein leckeres Präsent vom Dilsberg.

Sie verkehrt mit ihrem tuckernden Außenborddiesel schon ewig zwischen Baden und Hessen. Eine dicke Stahltrosse spannt sich hoch in der Luft von Ufer zu Ufer, und an diesem Seil hangelt sich das kleine Schiffchen entlang. Oben laufen Rollen, an denen, verbunden mit einer weiteren Trosse, die Fähre hängt. So braucht ihr Motor nicht besonders viel Kraft, und die Strömung treibt sie nicht ab.

Wenn während Ihrer Überfahrt ein großes Frachtschiff vorbeiziehen sollte und die Fähre deshalb ein Weilchen warten muss, dann fragen Sie mal den Fährmann Ludwig Heilmann, was das wohl geladen haben könnte – er weiß es. Hundertprozentig. Die Geschichte des Lebens auf und am Neckar ist sehr spannend. Lange vor der Dampf- und Motorschifffahrt wurde getreidelt. Das heißt, an beiden Flussufern gab es einen Weg, auf dem die Menschen und Tiere liefen, die an schweren Tauen die Boote flussaufwärts zogen.

Ab 1862 begann in Deutschland auf der Elbe beginnend das Kapitel der Kettenschifffahrt: Eine mit großen, schweren Gliedern versehene Kette wurde im Strom versenkt, vom Dampfschiff über große Zahnräder aufgehoben, über das Deck geführt und am Heck wieder zu Wasser gelassen. An der hangelten sich die Dampfer den Neckar hinauf. Was für ein Aufwand muss es gewesen sein, wenn sich zwei Schiffe an einer Kette begegneten: In einem hochkomplizierten Verfahren musste die Kette geöffnet und dann wieder verschlossen werden.

Mark Twain, der den Neckar seinerzeit besucht hatte, war über diese Art der Fortbewegung ziemlich verblüfft und schrieb: »Es war ein Schlepper, und zwar einer von sehr merkwürdigem Bau und Aussehen. Ich hatte ihn oft vom Hotel aus be-

Psst ... Hier hält der Fährmann zwischendurch gerne mal ein Nickerchen.

obachtet und mich gefragt, wie er wohl angetrieben werde, denn offenbar besaß er keine Schraube oder Schaufeln.« Als dem Neckar ab den dreißiger Jahren Staustufen und Schleusen spendiert wurden, war die Ära der Wasserfahrt ohne Schrauben und Räder vorbei.

Eingepackt in dicke Mauern liegt die Stadt Hirschhorn am Neckar. Er ist hier in den letzten Jahrhunderten ein hartnäckiger Angreifer, wenn er aus seinem Bett steigt und bedrohliche Wasserstände erreicht. Wenn man am anderen Ufer steht und einen Blick auf diese hohen Mauern wirft, auf deren Kronen das eine oder Haus festgewachsen scheint, dann fällt es zunächst schwer zu glauben, dass das Wasser überhaupt eine Chance hat. Zwar gibt es kleine Mauerdurchlässe mit Treppchen nach oben in die Stadt, aber diese Minitore sind verschließbar.

Doch wer am Fluss lebt weiß, dass Wasser immer seinen Weg findet: zunächst in die Keller, dann ins Erdgeschoss. Anfang der Neunziger Jahre konnte man mit dem Schlauchboot durch ein hoch gelegenes Garagentor direkt auf den Neckar schippern. Die Feuerwehr und andere Rettungskräfte hatten ihren Stützpunkt im ersten Stock des Bürgerhauses, die Anlegestelle befand sich am Balkon: Leben am und manchmal auch im Fluss.

Viel Platz ist nicht zwischen den steilen Hängen und dem Neckar, also drängen sich auch die Hirschhorner Häuser in der Altstadt dicht an dicht in kleinen Gassen. Dicke gemauerte Fundamente und Fachwerk wechseln einander ab, und ein Rundgang macht sehr viel Freude. Viele beenden ihre Tour am Marktplatzbrunnen, aber das ist ein großer Fehler: Gehen Sie durch das Stadttor hindurch und dann über den gepflasterten Weg links den Berg hinauf. Sie kommen durch ein etwas anderes Viertel mit ganz kleinen, oft nur eingeschossigen Häusern. Bei manchen denkt man, dass sie gleich den Berg hinabrutschen müssten.

Oben schon erwähnte Meister der Reisebeschreibung hat es in Hirschhorn gar nicht gefallen. Auf dem Dilsberg übrigens auch nicht, sagt unser Stadtführer Herr Heyer, der nun gänzlich in seinem Element ist. Zu Zeiten Mark Twains war dieser Teil Hirschhorns das Rotlichtviertel. Heute sieht man an dem Weg noch ein einziges Laternchen an einem der Häuschen, das wir im Fernsehen aber nicht gezeigt haben, weil die Besitzerin etwas dagegen hatte, und wegen eines einzigen Bildes muss man sich ja nicht streiten.

Aber auch hier gab es ein hinter vorgehaltener Hand erzähltes Anekdötchen. Irgendein Bischof musste nämlich durch diese Gasse am Laternchen vorbei nach oben zur Kirche, und die Hirschhorner haben den Kirchenfürsten an dieser Stelle in ganz spannende Gespräche verwickelt, und ich kann mir nicht vorstellen, dass dem Mann die rote Laterne entgangen sein sollte. Aber vielleicht hat er sich auch gar nichts dabei gedacht – wer weiß es!

Schloss Hirschhorn

Viele Maler haben mit ihren Staffeleien am anderen Ufer des Neckars gesessen, um diese einmalige Silhouette der Stadt hinter der Mauer fest zu halten. Einige der Häuser sind direkt auf die Mauer gesetzt. In dem prachtvollen Schloss über der Stadt lebten über Jahrhunderte die Ritter von Hirschhorn. Sie waren nicht nur tapfere Kämpfer, sondern auch gute Diplomaten und clevere Geschäftsleute. Friedrich von Hirschhorn war der letzte Ritter von Hirschhorn. Sein Schicksal wurde bestimmt durch die Ermordung seines Freundes und Cousins Hans von Handschuhsheim. Dessen Mutter soll ihn daraufhin verflucht haben, der letzte Ritter von Hirschhorn zu sein und so war es auch. Er starb 1632 kinderlos in Heilbronn. Das Schloss ist heute ein sehr beliebtes Ausflugsziel mit Hotel und Restaurant. Beim Kaffeetrinken auf der Schlossterrasse hat man den schönsten Blick auf Hirschhorn und das Neckartal. Eine Straße führt bis nach oben, der etwas beschwerlichere, aber auch schönere Weg führt über viele Stufen hinauf.

Ganz oben auf dem Berg erhebt sich das Schloss Hirschhorn, zu erreichen entweder über viele Stufen von der Stadt aus oder bequem mit dem Auto außenherum durch den Wald. Der Berg mit dem Schloss hieß im Mittelalter Stockelberg, und es soll ein schöner Platz für Hirsche gewesen sein, behauptet jedenfalls wieder einmal die Sage.

Hier bauten die Ritter von Hirschhorn nach einer amtlichen Genehmigung von Kaiser Wenzel von 1391 ihr Schloss. Anfangs war es nur ein Turm mit dicken Mauern drumherum, aber in den weiteren 400 Jahren haben die Herren kräftig angebaut. Wirklich beeindruckend, so ein Spaziergang über das alte Gemäuer.

Anziehungspunkt ist das Hirschhorner Schloss nicht nur wegen seiner Vergangenheit – die Gegenwart heißt Hotel, Restaurant und Terrassenkaffee. Man kann also sehr ritterlich wohnen, und wer ein Zimmer zum Neckar erwischt, bekommt zum Ausblick noch das Rauschen des Wassers von der Staumauer dazu. Beides lässt sich natürlich auch tagsüber bei einem Mittagessen oder bei Kaffee und Kuchen genießen.

Auch für Radler ist die Neckarschleife ein wahres Paradies. Wer es bis zum Schloss hinauf geschafft hat, schafft's überallhin. Aber es muss ja nicht mit dem Rad sein. Die beste Ansicht von Hirschhorn hat man von der anderen Seite des Neckars – man braucht nur die Staustufe zu überqueren. Da hat schon Alt-Bundespräsident Theodor Heuss auf einem Schemelchen gesessen und Hirschhorn in Kohle auf Papier verewigt.

Ein Stückchen weiter, hinter einem kleinen Industrie- und Wohngebiet, findet sich wieder mal ein Hinweis darauf, dass man sich im Grenzgebiet befindet. An der Uferstraße, direkt am Neckar steht's: Stadt Hirschhorn, Hessen. Und gleich gegenüber ein kleines Ausflugsrestaurant. Hier rastet der Radler bei einem kühlen Getränk, und hier brennt der Wirt quasi hinter der Wirtschaft, aber keineswegs im

Wecken vom Berg hat in Willingen am Tag des Alphorngottesdienstes Tradition, und Siggi, der sonst so umtriebige Wirt der Ettelsberghütte, wirkt mit seinem Alphorn beinahe andächtig und still.

Tausende kennen Siggi, wie er mit seiner Trompete Feierlaune verbreitet. Siggi hat dann einen kleinen Gartenschlauch, an dessen Enden sich jeweils ein Mundstück und ein Trichter befinden, und mit diesem Instrument betritt er schleudernd und gefeiert die Fläche zwischen seinen Gästen.

Der jetzt so ganz ruhige Siggi steht mit seinen Alphornkollegen auf dem Orenberg, die Instrumente schräg aufgelegt auf den noch feuchten Waldboden, und dann schwebt vom Berg der Klang dieser Holzblasinstrumente: »Kein schöner Land …«

Die feierliche Bergandacht am Ettelsberg beginnt erst um 11.30 Uhr, wir haben also noch viel Zeit für einen Gang über die größte Hochheide Europas. Dazu fahren wir ein paar Kilometer weiter in den Nachbarort Usseln. Mit Usseln und Willingen ist das so etwa wie mit Frankfurt und Offenbach oder Michelstadt und Erbach. Es gibt eine tiefe Freundschaft zwischen den Bewohnern von Usseln und Willingen, aber das sagt im Fernsehen natürlich keiner. Von Usseln aus gelangt man also am besten auf die Hochheide. Man fragt auf der Hauptstraße oder folgt der Beschilderung »Diemelquelle«. Das Schildchen an der Straße ist allerdings leicht zu übersehen, deshalb der gesonderte Hinweis.

Ein schmaler, geteerter Weg führt über mehrere Kurven bergan, und nach drei, vier Kilometern gelangt man an einen Parkplatz mit einer Hütte, die man auch zum Übernachten mieten kann. Hier sind wir mit dem Förster Klaus Hellwig verabredet. Der kennt die Hochheide und ihre Geschichte. Vom Parkplatz aus führt ein schmaler Fußpfad in

Die Diemelquelle bahnt sich ihren Weg.

die Heide hinein. Dieser Pfad, gekennzeichnet auch mit einem U, ist Bestandteil des 64 Kilometer langen Uplandsteiges, der an dieser Stelle in Europas höchste Hochheide führt.

Eine sogenannte Zwergstrauchheide, sagt der Förster: Der Bergrücken steigt nur noch sanft an, und nur vereinzelt reckt sich mal ein Strauch aus dem vom Heidekraut durchsetzten grünen Teppich mit den kleinen Blättchen. Ab und an wagt sich auch eine kleine Kiefer hervor, der man ansieht, dass sie es mit dem Wachstum nicht ganz leicht hat – als könnte sich der Stamm nie so richtig entscheiden, in welche Richtung er gerade wachsen soll.

Klaus Hellwig beugt sich nach unten und zaubert binnen kürzester Zeit eine handvoll Heidelbeeren aus dem grünen Teppich. Einige werden noch das Prinzip des Auskämmens kennen: Vor einigen Jahren noch brauchte man nur mit einem breitzinkigen Holzkamm durch die tiefen Sträucher gehen und sein Eimerchen darunterhalten. Diese Art der Ernte ist inzwischen verboten, weil die Pflanzen daran eingehen. Sich einmal hier reinlegen … Aber die Textilien bekommt man so schnell nicht wieder sauber.

Neben den Heidelbeeren wachsen Preiselbeeren, die schmecken nicht so wunderbar süß und werden auch später reif. Ab und an gedeiht auf diesem Boden ein gelbes Pflänzchen, die Blutwurz. Aus der Blüte lässt sich rote Farbe herstellen; das kleine Wurzelstöckchen war in der Medizin sehr verbreitet als Mittel zur Blutgerinnung. Und der Förster fügt mit unbewegter Miene hinzu: »Wenn man die Wurzel einlegt, gibt es einen Magenbitter«.

Europas größte Hochheide ist das Ergebnis menschlichen Wirkens. Etwa ab 800 nach Christus begannen die Bewohner der Bergdörfer, die Wälder abzuholzen: Holz für den Hausbau und die langen Winter. Es gab kaum Getreideanbau, aber Viehwirtschaft. Das Vieh brauchte Weideland, und die Ställe mussten ausgestreut werden. Mit scharfen Hacken wurde im Sommer und im Herbst der Heidebewuchs

Die Hochheide

Süße blaue Heidelbeeren säumen im Herbst die Wanderwege rund um Willingen. Diesen genussvollen Anblick verdankt der Wanderer der über lange Jahre gewachsenen Hochheide. Diese geschlossenen Heideflächen entstehen in Höhenlagen oberhalb von 700 Metern. Neben den Heidelbeeren bietet die Hochheide Platz für weitere seltene Pflanzen wie Preiselbeeren, Arnika, Ginster und Alpenbärlapp. Da im Upland früher nicht genügend Stroh als Stallstreu zur Verfügung stand, wurden weite Teile der Heideflächen geplaggt – das heißt, die oberste Schicht des Bodens wurde abgehackt und nach der Trocknung in die Ställe gefahren. Es dauerte etwa zwei Jahre, bis die Heide wieder einigermaßen nachgewachsen war. Durch dieses Verfahren verjüngten sich die Flächen immer wieder. Heute helfen bei der Erhaltung unter anderem »natürliche Rasenmäher«: die Heidschnucken.

Das Upland ist für jede Art der Bewegung wunderbar geeignet – da kommt keine Langeweile auf!

samt Humus abgezogen, getrocknet und in die Ställe gebracht. Eine Geschichte, die kaum jemand kennt, sagt Klaus Hellwig.

Einmal Heide, immer Heide? Nein. Der abgeplackte Boden sorgt immer wieder für neue Nährstoffe; ohne menschliches Zutun würde nach einiger Zeit wieder ein richtiger Wald wachsen. Die kleinen verwachsenen Nadelbäume sind die ersten Vorboten, weil sie sehr bescheiden und schon mit wenig zufrieden sind. Heute helfen viele nach, um Europas höchste Hochheide zu erhalten: der Forst und die Heidschnucken. Keine Schafe, sondern Heidschnucken. Ursprünglich zuhause auf Korsika und Sardinien, aber da waren es noch reine Mufflons. Wenn sie die Herde sehen sollten und sich fragen, was da Männlein und was Weiblein ist: Beide haben Hörner, aber nur die der Heidschnuckeriche sind zur Schnecke gebogen.

Wir erreichen ein Gipfelkreuz, das mit 708 Metern nun wirklich der höchste Punkt auf diesem außergewöhnlichen Feld ist. Unter den drei Kreuzen lädt ein Baumstamm zum Verweilen ein, und auf dem sollte man wirklich in aller Ruhe für eine Weile Platz nehmen und den Ausblick in das Land der tausend Berge genießen.

Von dort nur wenige Kilometer entfernt liegt die Diemelquelle. Aus einem kleinen, aus hellen Felssteinen aufgeschichteten Vulkankegel sprudelt klares Wasser, fließt ein Stück den Hang hinunter durch eine Kneipanlage, um dann als munteres Bächlein in ein Tal zu spazieren, das sich in weiten Kurven

Siggis Alphorngruppe auf dem Dach der Ettelsberghütte.

bis nach Usseln hinunterzieht. Im Gegensatz zur Lahn oder zur Fulda wird die Diemel nie so richtig erwachsen: Nach nur 10,5 Kilometern verschwindet sie in der Weser.

An der Quelle in aller Stille das frische Wasser genießen und vielleicht anschließend an der liebevoll ausgebauten Anlage ein wenig kneippen, das kann ein Erlebnis sein. Allerdings wird die Stille auch gelegentlich unterbrochen durch Erholungssuchende der anderen Art. Die werden gefahren in einem Planwagen von Karl-Friedrich Wilke. Karl-Friedrich ist Partykutscher, Lexikon und Animateur in einem, seit 46 Jahren schon. Er holt seine Gäste im Hotel ab, dann geht's mit Gesang und Getränken hinauf in die Berge. Und selbst, wenn bis zur Diemelquelle nur dreißig Minuten vergangen sein sollten: Die Stimmung ist auf sehr gehobenem Niveau.

An der Quelle wird Karl-Friedrich zum Täufer. Seine Taufen bleiben den Gästen nachhaltig in Erinnerung, zumal mindestens einer diesen Ort mit nassem Kopf verlassen wird. Selbst Willi Brandt kam am lustigen Friedrich, dem Sheriff des Uplandes, nicht trocken vorbei. Das sind übrigens alles Synonyme, die für Karl-Friedrich im Umlauf sind und die er selbst freilich pflegt. Wer also ein Teamerlebnis sucht, bei dem die Grenzen zwischen den verschiedenen Charakteren schnell verschwimmen, der ist auf dem Wagen von Karl-Friedrich Wilke gut aufgehoben.

Das Waldecker Upland – der Begriff Upland steht für Aufland, Oberland oder Hochland. Es ist übrigens Zeit für die ökumenische Alphornmesse. An den Hängen des Ettelsberges unterhalb von Siggis Hütte herrscht Gedränge. Siggi von der Heide, der umtriebige Wirt, begrüßt, weist den Weg, spricht über das Wetter und trägt sein gut drei Meter langes Alphorn zu den anderen Musikanten. Etwa zweihundert sind es, die sich im Halbkreis aufgestellt haben, und Hunderte Besucher sitzen und stehen hangaufwärts und feiern den Gottesdienst unter freiem Himmel mit Blick auf das Upland.

Kaum hörbar ziehen sich seitlich die Sessellifte den Berg hinauf und bringen ein paar Nachzügler, es geht ein leichter Wind, und wieder steigen die tiefen Töne der Alphörner auf. Nach der Messe geht es nicht weniger feierlich zu. An die Ettelsberghütte wird eine Leiter gelehnt, Siggis Alphorngruppe kraxelt hinauf, und auch das Waldecker Fürstenhaus nimmt auf dem Dach Aufstellung. Fürstin und Fürst stimmen das Waldecker Lied an, die Nationalhymne sozusagen: »Unter allen Landen deutscher Erde preis ich Waldeck, mein lieb Heimatland«, und spätestens beim ersten Refrain sind auch die letzten von ihren Holzbänken aufgestanden: »Mein Waldeck lebe hoch…«

Wer noch nie bei einer Feier im Waldeckschen war, glaubt im ersten Moment, im falschen Film zu sein, aber der Waldecker an sich hat zu seinem Fürstenhaus Waldeck und Pyrmont und zu seiner Heimat eine tiefe innige Beziehung. Sollten Sie also in diesem oder im nächsten Jahr zur Alphornmesse kommen: Die meinen das richtig ernst, gucken Sie nicht lange, zieren Sie sich nicht, sondern stehen Sie auf und singen Sie mit. Wenigstens den Refrain!

Wesentlich stiller, aber keineswegs unmusikalisch geht es auf dem Tannenhof in Hillershausen zu. Sollten Sie in der Gegend sein – vielleicht auf dem Rückweg von Willingen in Richtung Korbach, dann ist das ein echter Geheimtipp. Der Tannenhof liegt etwas außerhalb, und wenn man durch Hillershausen fährt, steht es das Hinweisschild genau in einer Kurve – also, langsam fahren, sonst schießt man über das Ziel hinaus.

Zunächst verläuft die Straße noch mit einer Teerdecke bergan. Auf Waldboden geht es dann weiter, bis linker Hand ein schöner Garten mit dem Cafe Tannenhof erreicht wird, ein einstöckiger Fachwerkbau. Innen dunkle Dielen, Tische, Stühle und die Stützpfeiler aus dunklem Holz, und neben dem Kamin ein Klavier.

Wenn Huberta Wilke Zeit und Lust hat, dann rückt sie sich ihre Noten zurecht und spielt ein bisschen Chopin. Ihren Kuchen bäckt sie selbst, und der kommt immer wohltemperiert aus der Küche, also noch ein bisschen warm. An schönen Tagen sitzt man draußen bei Kaffee, Kuchen oder einem Getränk auf der Holzterrasse und schaut vielleicht dem Treiben auf dem benachbarten Reiterhof zu. Anschließend lässt es sich ganz wunderbar durch den Wald gehen. Aber nicht einfach so hin und zurück, sondern es gibt eine richtig große Runde. Hinter dem Wald beginnt freies Feld in der hügligen Landschaft – keine Wanderung, aber ein schöner und etwas längerer Spaziergang.

Im Waldecker Land, zwischen Willingen und Marsberg, liegt eine weitere sehr erholsame Region Hessens: der Diemelsee – Segeln, Tauchen,

Der Diemelsee ist bei Wassersportlern sehr beliebt.

Angeln, Baden, Campen. Ein Elektroschiffchen schippert seine Gäste hin und her, und mit dem Diemelseesteig ist der waldreiche Naturpark Diemelsee zugleich auch ein Paradies für Wanderer.

In Adorf herrscht an diesem Morgen im späten Juli Hochbetrieb: Kühe und Kälber laufen über die Straße, Traktoren huschen tuckernd hin und her und bringen Stroh auf den Berg hinter dem Dorf: Kram- und Viehmarkt in Adorf. »Das« Kram- und Viehmarkt sagt man in dieser Gegend. Auf dem Bauernhof der Familie Bornemann werden Kälber gewaschen. Nicht alle – nur die wichtigsten. Eine Besonderheit des Adorfer Viehmarktes ist nämlich die Präsentation der Kälber durch Kinder. Die müssen die kleinen Kühe nicht nur über den Laufsteg führen, sondern auch einige knifflige Fragen der Juroren beantworten.

Die Töchter des Bornemannschen Hofes, Anke und Stefanie, putzen: Hufe, Fell und Schwanz sind noch dran. Mit Wasser und Bürste werden ihre Lieblingskälbchen hübsch gemacht für den großen Auftritt. Und während die beiden 9- und 11-jährigen Damen noch einmal die möglichen Schiedsrichterfragen durchdenken, hat Papa Bornemann bereits seinen ersten Auftritt.

Bei den Milchkühen geht's allein um die Schönheit. Wer mit drei Damen antritt, präsentiert bereits eine sogenannte Betriebssammlung, und genau das macht Papa Bornemann. Die Tiere werden von den Bauern im Kreis herumgeführt, und die Schiedsrichter bewerten und kommentieren Dinge wie Eutergröße, Rückenlinie und Fundamente. Bei dem fachlichen Kauderwelsch kommt man als Nichtlandwirt schon manchmal etwas ins Grübeln, hat aber seinen Spaß.

Papa Bornemann hat mit seiner Betriebssammlung zuvor natürlich ein wenig geübt, denn so eine Kuh muss nicht nur im Kreis gehen, sondern auch richtig stehen können: immer ein Bein leicht vorgestellt, damit das Glanzstück der Dame richtig zu bewundern ist. Anke und Stefanie stehen mit ihren Kälbern schon in der langen Startreihe und haben zuvor einen letzten Blick

Der Diemelsteig

Im Diemelsee kann man schwimmen, *auf* dem Diemelsee mit dem Boot fahren, segeln oder surfen und *um* den Diemelsee: wandern. Bei einer Länge von 54 Kilometern kann man den neuen, prämierten Diemelsteig bequem in zwei bis drei Tagesetappen gehen. Da es nur leichte bis mäßige Höhenunterschiede gibt, gilt der Wanderweg als besonders familienfreundlich. Dem Auge wird dabei viel geboten: viele Wiesen- und Feldwege, herrliche Aussichten, lauschige Dörfer, sehenswerte romantische Dorfkirchen und natürlich der Diemelsee als Herz- und Prunkstück. Empfohlen wird der Einstieg am Parkplatz des »Haus des Gastes« in Diemelsee-Heringhausen. Von dort führt der Diemelsteig über Rhenegge nach Adorf, weiter durch Wirmighausen, Flechtdorf und Schweinsbühl und über Hemmighausen und Ottlar schließlich wieder zurück nach Heringhausen.

in ein kleines Heftchen geworfen: Notizen über den Namen des Vaters, der Mutter, der Großmutter, deren Ohrnummern und womit sie gefüttert wurden.

Stefanie liegt mit ihren Antworten bei der Preisrichterin gar nicht so schlecht im Rennen, dann aber wirft sich ihr Kälbchen bockig auf den Boden – es hat einfach keine Lust mehr. Aber das ist gar nicht schlimm: Andere Tiere wollen gar nicht erst auf den Parcours, und es ergibt ein hinreißendes Bild, wenn kleine Mädchen mit kleinen Kälbern keinen Meter mehr von der Stelle kommen.

Etwa 7,5 Kilometer gestauter Diemelsee liegen unterhalb der Berge. Der größte Teil gehört politisch gesehen zu Hessen, ein kleinerer zu Nordrhein-Westfalen. Aber genau in diesem Abschnitt liegt auch die Staumauer, mit deren Bau 1912 begonnen wurde und die dann des Ersten Weltkriegs wegen erst zwölf Jahre später beendet werden konnte.

Heute verkehrt zwischen dem Großparkplatz an der Staumauer und Diemelsee-Heringhausen die St. Muffert, ein leises Ausflugsschiffchen, auf dem sich die tolle Mittelgebirgslandschaft in aller Ruhe und ohne Anstrengung genießen lässt. Interessant und vermutlich einmalig ist ein relativ neues Angebot: das Fährschiffwandern. Nie gehört? Keine Angst, sie müssen dabei nicht etwa das Boot um den See schleppen. Fährschiffwandern bedeutet einmal rund um den See, die Hälfte auf dem Wasser, die andere zu Fuß über den Diemelseesteig. Letzterer hat eine Länge von insgesamt 54 Kilometern Länge, und zu seinen Höhepunkten im wahrsten Sinne des Wortes gehört der St. Muffert. Von dort nämlich hat man die vermutlich beste Aussicht über das Bergland und den Diemelsee. St. Muffert ... die Herkunft dieses seltsamen Namens konnte mir bislang niemand schlüssig erklären, selbst Friedhelm Meyer nicht, der in dieser Gegend wirklich Stock und Stein kennt. Er gilt als einer der Erfinder dieses Diemelseesteigs und ist diese heute 54 Kilometer mindestens zehn Mal abgelaufen, um herauszufinden, wo er entlangführen könnte und wo mögliche Ein- und Ausstiege sein könnten.

Um den Verlauf nicht gleich wieder zu vergessen, haben Herr Meyer und seine Freunde Dachlatten auf einen halben Meter Länge schneiden lassen, in den Wald geschleppt und jeden Kilometer eine in den Boden gerammt. Heute stehen an genau jenen Stellen richtige Holzpfähle als Wegmarkierung. Herr Meyer ist Wanderer mit ganzem Herzen, und wenn er nicht pro Woche seine 110 bis 120 Kilometer wandern darf, wird er bestimmt unglücklich. Er organisiert zum Beispiel auch die Wanderwochen in Willingen, womit wir eigentlich schon beinahe wieder am Ausgangspunkt dieser Reise angekommen wären. Aber erstens schafft man das alles unmöglich an einem Wochenende, und zweitens sollte der Diemelsee noch gar nicht verlassen werden. Wir hatten mit dem Fernsehteam wieder mal das Problem, dass wir unmöglich die Technik zu Fuß zum St. Muffert schleppen konnten, aber Friedhelm Meyer wusste natürlich einen Weg, auf dem man ausnahmsweise auch mit dem Auto ziemlich dicht herankommt.

Die Tage zuvor hatte es sehr geregnet, und ein Teilstück des Waldweges ging auf dem Rückweg dann leider bergauf. Frontgetriebene Kleinbusse, deren Hauptlast aber leider auf der Hinterachse liegt, haben bei solchen aufgeweichten Anstiegen erhebliche Schwierigkeiten. Es ging nichts mehr, die blaue Karawane steckte fest. Vereint wurden Stöckchen und Zweige gesammelt, aber mehr als wenige Zentimeter brachte uns das auch nicht weiter. Zum Glück stand einer unserer Busse oben am Berg, und nachdem drei Abschleppseile aneinandergeknotet worden waren, konnte dann Auto für Auto nach oben geschleppt werden.

So eine Aktion kostet natürlich Zeit, und da so ein Drehtag bis auf die Minute verplant ist, brachte uns diese Verzögerung sehr durcheinander. Wir wollten nämlich noch in Richtung Bontkirchen, denn dort, ein Stückchen außerhalb des Ortes, liegt hinter sieben Bergen keineswegs das Zwergenland, sondern das Land von wilden, zottligen Galloway-Rindern. Die gehören zu Familie Willecke-Wagner, und die wiederum betreiben in malerischer Bergwaldidylle das Gasthaus Waldesruh. Da der Weg, wie so oft besungen, kein leichter ist und auch lange durch Wald und Berge führt, sollte man ruhig in Bontkirchen jemanden nach der Richtung fragen. Besonders Mutige können versuchen, der Beschilderung »Huckeshohl« zu folgen.

Waldesruh ist berühmt für seine leckeren Steaks von besagten Rindern, weniger für die nicht ganz gewöhnliche Familiengeschichte. Die Tochter des im Familienbesitz befindlichen Hauses war nämlich einst hinausgezogen in die weite Welt und wollte mit Huckeshohl und Natur eigentlich nichts mehr zu tun haben. Dort draußen in der weiten Welt lernte sie dann in ihren späteren Mann kennen, und wenn man dem damals gesagt hätte, dass er einst im Wald landen würde – er hätte es nicht geglaubt, denn seine Brötchen verdiente er bei der Polizei.

Doch eines Tages wagten beide den Neuanfang, und er tauschte seine Pistole gegen den Zapfhahn und machte Schluss als Personenschützer beim Staatsschutz. Inzwischen haben beide die elterliche Wirtschaft erfolgreich wieder in Schwung gebracht, züchten Rinder, haben Ruhe und ebenso viel Arbeit. Sollten Sie mal an einem Sommernachmittag dort hochfahren und am Feldrand einen kräftigen Mann sehen, der mit freiem Oberkörper Weidezäune in die Erde schlägt: das ist der Wirt von Waldesruh.

Informationen auf einen Blick

Tourist Information Willingen
Waldecker Str. 12
34508 Willingen
Telefon 05632 401180
Telefax 05632 401150
www.willingen.de

Tourist Information Diemelsee
Kirchstraße 6
34519 Diemelsee-Heringhausen
Telefon 05633 91133
Telefax 05633 91134
E-Mail info@diemelsee.de
www.diemelsee.de

Weitere Informationen zur Region

Ettelsberghütte
Siggi von der Heide
Telefon 05632 6750
www.ettelsberg-seilbahn.de
Öffnungszeiten: Die Hütte hat täglich geöffnet. Zur Hütte kommt man nur zu Fuß oder mit der Seilbahn, weshalb die Hütte auch mit der letzten Abfahrt der Seilbahn gegen 18 Uhr schließt.

Kutschfahrten
Wilke-Mühle
Karl-Friedrich Wilke
Mühlenweg 9
34508 Willingen
Telefon 05632 7076
Telefax 05632 7720
E-Mail info@wilke-muehle.de
www.wilke-muehle.de

Alphornmesse
www.ettelsberg-seilbahn.de
Alljährlich im August findet auf dem Hochplateau des Ettelsberges rund um die Ettelsberghütte die bekannte Alphornmesse statt. Ein ökumenischer Gottesdienst umrahmt von Alphornbläsern und vielen anderen Musikgruppen.

Café Tannenhof
Huberta Wilke
Tannenhofweg 7
34497 Korbach-Hillershausen
Telefon 02982 789
Öffnungszeiten: Donnerstag bis Sonntag 14–19 Uhr.

Diemelsteig
Der neue Rundwanderweg rund um den Diemelsee hat eine Länge von 54 km und kann in drei Tagesetappen bequem gelaufen werden. Infos bei der Tourist-Information Diemelsee (siehe oben), www.diemelsee.info.

Fahrgastschiff Muffert
Telefon 02991 6441
www.seen-im-sauerland.de/schifffahrt.php
Das Ausflugsschiff verkehrt in den Sommermonaten täglich ab 10.30 Uhr auf dem Diemelsee. Es gibt zwei Haltepunkte: Der erste in Diemelsee-Heringhausen; hier ist die Abfahrt immer zur halben Stunde. Der zweite Haltepunkt liegt beim Großparkplatz

Willingen im Nordostteil des Rothaargebirges.

an der Sperrmauer; Abfahrt hier zur vollen Stunde bis 17 Uhr.

Waldgaststätte »Waldesruh« in Bontkirchen-Huckeshol
Gasthof Waldesruh
Huxol 1
59929 Brilon/Bontkirchen
Telefon 02963 1828
E-Mail elke@huckeshol.de
www.huckeshol.de
Öffnungszeiten: Freitag ab 16 Uhr, Samstag und Sonntag ab 10 Uhr.
Anfahrt: In Bontkirchen der Beschilderung »Waldesruh« folgen.

Weitere interessante Webadressen aus der Region

www.naturpark-diemelsee.de
www.ferienregion-diemelsee.de
www.waldecker-land.de
www.willingen.com
www.uplandsteig.de

Tour 11: Waldhessen, Bad Hersfeld und das Lullusfest

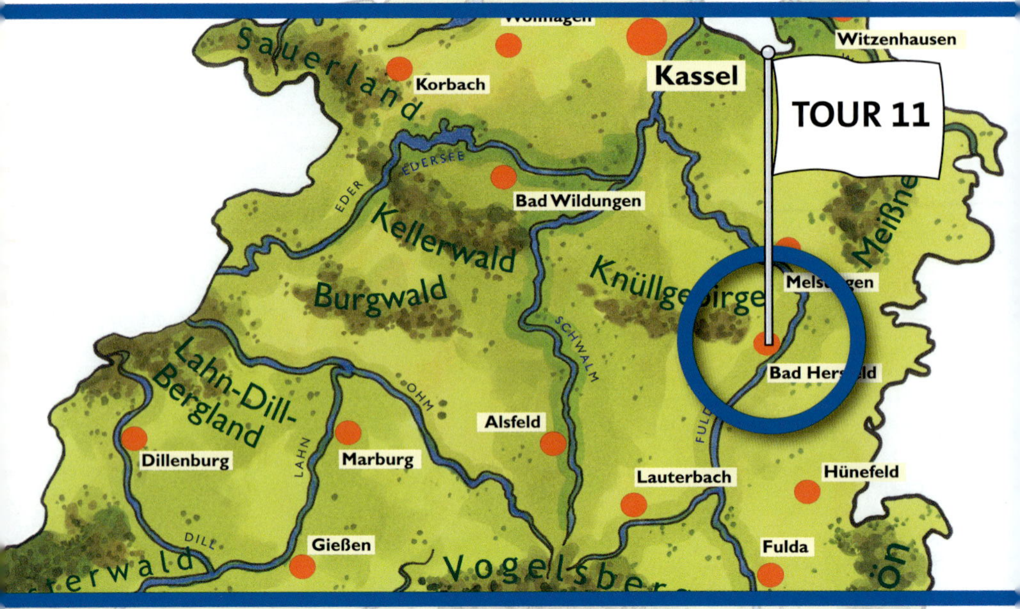

Dieser Tag gehört einer Region, die sich geografisch und ethnisch nur schwer umschreiben lässt. Der Odenwald ist klar definiert, auch die Rhön, das Rheingau. Mit der Gegend um Bad Hersfeld wird es etwas schwieriger. Hier treffen im Osten Hessens die Ausläufer des Knülls und des Vogelsberges aufeinander. Gelegentlich sieht man an der Autobahn A5 ein Schild mit der Aufschrift »Waldhessen«: ein Name, der historisch betrachtet, keine Vergangenheit hat, aber vielleicht eine Zukunft, denn unter diesem Namen möchte die Region nach und nach zusammenwachsen.

Manchmal gelingt es uns in der Sendung »Herrliches Hessen«, eine Struktur zu entwickeln, die einem Weg folgt oder einem Fluss: Wir beginnen morgens in A, sind bis zum Mittag nach B gewandert, um dann abends in C den Tag zu beenden. Im Fall Bad Hersfeld ist das etwas anders: Wir beginnen in Bad Hersfeld und schwärmen sternförmig aus, um abends wieder nach Bad Hersfeld zurückzukehren. Die Stadt befindet sich in diesen Oktobertagen nämlich wieder einmal im alljährlich ausbrechenden Ausnahmezustand: Deutschlands ältestes Heimatfest wird gefeiert, das Lullusfest. Dem hatte auch unsere Dramaturgie Rechnung zu tragen: morgens Lullus, abends Lullus, und dazwischen besuchten wir eine außergewöhnliche Museumsscheune, eine beinahe verwunschene Burg, ungewöhnlich bunt ausgemalte Kirchen und ein untergegangenes Dorf.

Die Schritte eines großen Mannes hallen über den Hersfelder Marktplatz. Durch die morgendliche Stille in der Stadt hört man nur die dumpfen Aufschläge der gewaltigen Holzscheite, die zwei andere Männer von einem Stapel ins Feuer befördern. Dieser Stapel hat olympische Ausmaße, denn er muss für viele Tage und Nächte reichen, und das Feuer darf während des Lullusfestes auf gar keinen Fall erlöschen. Einer Sage nach darf in einem solchen Falle das »Fierche«, wie es in der hiesigen Mundart genannt wird, nie wieder in Hersfeld lodern und muss nach Fulda umziehen.

Der große Mann mit dem roten Wams unter dem schwarzen Umhang und dem Barett auf dem bärtigen Kopf hält diese Sage für ein übles Gerücht. Er muss es ja wissen, denn er ist der Hüter des Feuers, der Feuermeister, der mit Abstand wichtigste und prominenteste Mann in diesen Festtagen.

Um zum wichtigsten und traditionsreichsten Hersfelder Amt aufzusteigen, bedarf es einiger Voraussetzungen genetischer, beruflicher und geografischer Art. Der Herr der Hersfelder Flammen muss innerhalb der Stadtmauern geboren sein, er muss Handwerksmeister sein,

Das Lullusfest ist das wohl älteste deutsche Volksfest und wird jährlich auf dem Marktplatz von Bad Hersfeld ausgetragen.

Das Lullusfest

Es ist das älteste und mit vielen Ritualen verbundene deutsche Volksfest und es findet alljährlich in der Woche statt, in die der 16. Oktober fällt. Ursprünglich war es ein reines Kirchenfest und verdankt seinen Namen dem Mainzer Erzbischof Lullus. Der hatte 769 in Bad Hersfeld das Benediktinerkloster gegründet – als er 66 Jahre nach seinem Tod heilig gesprochen und in die Basilika umgebettet wurde, feierten dies die Gläubigen mit einer großen Prozession. Seit 1038 beginnt dieses Fest mit den Klängen der Lullusglocke, wird begleitet von einem mit Stolz und Inbrunst vorgetragenen »Lollsruf« und einem Feuer auf dem Marktplatz – bewacht von einem jährlich gewählten Feuermeister. Der Feuermeister ist dafür zuständig, dass das Feuer nie erlischt, sonst – so ist es überliefert – darf das »Fierche« fortan nur noch in Fulda weiter brennen.

aber das nützt alles nichts, wenn der Vater des Feuermeisters nicht die gleichen Bedingungen erfüllt. Erst dann, sagt Udo Roßbach, kann man sich allenfalls Hoffnungen machen, denn letztlich gibt es noch einen Wahlgang im Magistrat.

Dass die Anzahl geeigneter Kandidaten in Bad Hersfeld nicht mehr sonderlich groß ist und die Zahl fünf wohl nicht überschreitet, schmälert das Ansehen des Feuermeisters kein bisschen. Er ist ein Superstar mit Tradition, begrüßt Gäste, Ehrengäste, repräsentiert die Stadt auf allen Wegen, wird ständig fotografiert und muss viel häufiger grüßen oder Grüße erwidern; »Bruder Lolls« sagt man hier.

Das Fest verdankt seinen Namen dem Erzbischof Lullus von Mainz, dem Nachfolger von Bonifatius auf dem Mainzer Bischofsstuhl. Lullus gründete auch das Benediktinerkloster in Hersfeld und hier starb er auch 786. Als dann 852 die neue karolingische Säulenbasilika eingeweiht wurde, passierten offenbar gleich mehrere Dinge: Lullus wurde heiliggesprochen und mit einer großen Prozession in eben jene Basilika umgebettet. Damit war ein neues Fest geboren, das nun jährlich gefeiert wurde, zunächst als Kirchen-, später als Volksfest mit einem Markt. Ab 1038 wurde dieses Fest dann auch mit der Lullusglocke eingeläutet, Deutschlands ältester Glocke, und es wurde damit auch die Lullusfreiheit verkündet: Händler durften auf dem Markt ihre Waren verkaufen, ohne dass städtische Abgaben dafür erhoben wurden.

Heute ist das Fest eines, bei dem rund um die Uhr in den Straßen und Gassen Bad Hersfelds fröhlich gefeiert wird. Versuchen Sie mal, am Montag um 12 Uhr zum Beginn des Festes auf den Marktplatz zu gelangen, dann, wenn Deutschlands älteste Glocke ertönt. Der Rosenmontag in Köln ist nichts dagegen – außerdem gibt's da kein Lullusfeuer. Wir überlassen den Feuermeister seinen Flammen und sonstigen Tagesaufgaben und machen uns auf den Weg zu einem sehr ungewöhnlichen Museum, zur Museumsscheune an der Aula.

Kirchheim liegt nur einen Katzensprung von Bad Hersfeld entfernt. Nicht weit von der Hauptstraße steht die Museumsscheune – immer passend zur Jahreszeit de-

Die Museumsscheune Kirchheim

Die Scheune an der Aula ist ein Kleinod unter den Museen, ein Schmuckstück von außen und Innen. Im Erdgeschoss laden ein Cafe und ein Museumsladen zum Verweilen ein, im Obergeschoss findet sich alles, was der Hausherr Berthold Schmidt über viele Jahre hinweg gesammelt hat: von der Kernseife über bäuerliche Schränke, Betten und Tische bis zur Apfelschälmaschine. Beliebt sind die Feste in und an der Museumsscheune. Vor zehn Jahren stand die alte Scheune noch in einem ganz anderen Dorf, wurde dort ab- und hier wieder aufgebaut. Wer irgendwo ein altes bäuerliches Utensil übrig hat: Bitte nicht wegwerfen, sondern nach Kirchheim bringen! Berthold Schmidt nimmt es gern in die Sammlung auf.

koriert. Ein gepflasterter Weg führt schnurgerade an alten Obstbäumen, Apfelkisten, großen Milchkannen und einem Taubenhaus vorbei zum Scheunentor.

Der ebenerdige Teil dieses Gebäudes beherbergt einen kleinen Museumsladen, ein Café mit alten Tischen und Stühlen, gemütlichen Sofas und einer Bühne. Neben der steigt man ein paar Stufen hinauf in den zweiten Teil dieses Reiches musealer Kostbarkeiten. Der Scheunenboden ist gefüllt mit handwerklichen Gerätschaften: mit Spinnrädern und Butterfässern, mit Rechen und Hämmern. Vogelkäfige und Lampen hängen von der Decke, alte Bauernschränke und -tische stehen auf den Holzdielen.

Berthold Schmidt sammelt unverdrossen und ohne Pause seit seinem 15. Lebensjahr und schleppt bis heute voller Freude alles, was er irgendwo ergattern kann, in die Scheune. Der Ursprung für diese Leidenschaft lag in seinem Heimatdorf, in dem es vor 50 Jahren noch viele Handwerker gab. Deren Treiben und Werkzeuge hatten es ihm angetan. Am Anfang seiner Sammlung stand ein hölzernes schlankes Butterfass, das Ende ist nicht abzusehen.

Momentan arbeitet Herr Schmidt an der Komplettierung einer Sammlung sehr seltsamer Maschinen. Eine davon hat er an der Tischkante mit einer Schraubklemme befestigt. An einem Ende dieser Maschine ist eine Kurbel angebracht, in der Mitte eine Art Spieß, auf der ein Apfel steckt, am anderen Ende dieser kleinen Konstruktion schwebt ein Messerchen. Wenn Berthold Schmidt an der Kurbel dreht, liegt das Messer auf dem rotierenden Apfel und dreht die Schale ab.

Die Lullusglocke im Katharinenturm der Stiftsruine.

80 Jahre alt ist diese Apfelschälmaschine. Ihre wesentlich modernere Nachfolgerin basiert auf einer

Ostermarkt in der Museumsscheune.

Das Bad Hersfelder Rathaus, um 1371 im gotischen Stil erschaffen, bis 1612 im Stil der Weserrenaissance ausgebaut.

ganz ähnlichen Konstruktion, aber während der Museumsdirektor das Kurbelchen schwingt, wird zusätzlich der Apfel entkernt und in dünne Scheiben zerlegt. Wenn man anschließend den vermeintlich noch heilen Apfel in die Hand nimmt, kann man ihn auseinanderziehen wie eine Luftschlange. Bei wem so ein Gerät noch irgendwo nutzlos im Keller verrotten sollte: Berthold Schmidt würde sich drüber freuen.

Noch ein Kuriosum am Rande: Ursprünglich stand die Scheune in einem dreißig Kilometer entfernten Dorf, wurde dort sauber abgetragen und in Kirchheim wieder aufgebaut. Dazu kamen im Laufe der Zeit noch einige Nebengebäude, denn Fuhrwerke, Leiterwagen und ein alter dreirädriger Goliath brauchten schließlich auch ein Dach über dem Kopf.

Waldhessen verfügt auch über die eine oder andere archäologische Rarität. Mitten im Herbstwald tauchen plötzlich die Grundmauern einer kleinen Kirche auf, einst vom Würzburger Bischof geweiht – aber das ist mehr als 800 Jahre her. Das Dorf rund um die Kirche hieß Hammundiseiche, und von dem ist noch viel weniger zu sehen, allenfalls Reste des einstigen Dorfangers, mitten im Seulingswald, weit weg vom Rest der Welt.

Theodor Schwarz befasst sich in seiner Freizeit mit Archäologie und Geschichte, führt Schulklassen an diesen Ort und sagt, dass das damals mächtige Hersfeld um 1000 nach Christus eine Verbindung nach Thüringen zu den dortigen Besitzungen schaffen wollte. Zum einen sicherte man so die alte Handelsstraße, zum anderen dehnte sich auf diese Weise auch der Einflussbereich aus.

Hammundiseiche mit seinen vielleicht zehn Höfen war also ab 1141 nach der Weihe durch den Bischof sogar Kirchdorf, so viel scheint sicher. Warum dann aber nach etwa 200 Jahren die Ansiedlung wieder im Dunkel der Geschichte verschwand, darüber gibt es nur Vermutungen. Es könnte schlechte Witterung gewesen sein, in deren Folge die Ernteerträge dramatisch zurückgingen, aber genauso gut hätte es auch ein heute nicht mehr genau zu benennender Feind gewesen sein können, der die Dörfer niederbrannte. Auch dafür finden sich Belege. Nicht in der Literatur, aber im Boden: Tonscherben mit Brandspuren.

An diesem Platz mit dem fast unsichtbaren Dorf steht heute eine etwa 800 Jahre alte Eiche – so dick, dass vermutlich sechs bis acht Menschen sie gerade so umfassen könnten. Und da die Eiche dick ist und knorrig und des Alters wegen auch sehr wertvoll, hat man ihr zum Schutz vor himmlischer Unbill vor ein paar Jahren einen eigenen Blitzableiter spendiert.

Nicht weit von Hammundiseiche, vielleicht zehn Minuten zu Fuß, verlief früher, parallel zur heutigen A4, die alte Handelsstraße, die »Kurze Hessen«. Dort gibt es einen seltsam geformten Stein. Genau genommen sind es drei Steine: Zwei sind so gehauen, dass sie ein kleines Tor ergeben, ein dritter liegt wie ein Dach obenauf. Das kleine Steinhaus mag vielleicht 1,20 Meter hoch sein, das eigentliche Tor vielleicht 80 Zentimeter.

Alle Handelsreisenden, wenn sie denn Glück in ihren Unternehmungen haben wollten, mussten durch dieses Nadelöhr kriechen. Da wurde bei ausladender Leibesfülle schon mal kräftig geschoben und gezogen. Aber wer es geschafft hatte, durfte sich was Schönes wünschen und danach ging's mit frischem Segen weiter.

Herr Schwarz erklärt, dass der Brauch allerdings viel älter ist als der Stein, denn der wurde erst zwischen 1593 und 1596 hier aufgestellt. Zumindest lässt das die Inschrift mit dem Namen des damaligen Landesherren Moritz vermuten. Zuvor gab es an dieser Stelle einen hohlen Baum, der in gleicher Angelegenheit durchquert werden musste.

Das waldreiche Gebiet um Bad Hersfeld steckt voller Überraschungen und Besonderheiten. Zu denen gehört nicht nur die versunkene Kirche von Hammundiseiche, sondern viele weitere, die allerdings in einem sehr guten und vor allem ... bunten Zustand sind.

In Richelsdorf steht eine von diesen 20 Kirchen, deren Innenleben man mit dem Begriff »osthessischer

Bauernbarock« umschreibt, ganz aus Holz und wunderschön ausgemalt, von den Seitenwänden über die zwei Emporen bis zur Kirchendecke. Die Familie von Cornberg baute sich direkt hinter ihr Schlösschen mit eigenem Separee und Geheimtür diese Kirche. Ein unbekannter Maler malte sie im Auftrag des Fräuleins von Cornberg nicht mit Heiligenbildern aus, sondern mit Blumen und Ornamenten.

Ein paar Kilometer weiter findet in Odensachsen der osthessische Bauernbarock seine farbenfrohe Fortsetzung. Hier ist der Maler kein unbekannter: Gustav Altmöller hat 1741 im fürstlichen Auftrag die Decke blau bemalt und sie mit unzähligen Engelchen und Musikinstrumenten versehen. An den Emporen sind es Bilder aus dem Leben von Jesus Christus und aus dem Alten Testament, die dem Betrachter auffallen. Einmal in einer dieser Kirchen, und man kommt aus dem Staunen nicht mehr heraus. Allerdings ist es ratsam, sich zuvor beim jeweiligen Pfarramt anzumelden – sonst steht man vor verschlossenen Türen.

Einige Kilometer in Richtung Norden steht ein wenig versteckt auf einem Berg Schloss Ludwigseck. Erst Anfang des 15. Jahrhunderts gebaut, ist sie eine der letzten in Deutschland gebauten Burgen. Das Schloss gehörte fast von Anfang an den Rittern Riedesel Freiherren zu Eisenbach. Nach dem Tod des letzten Erbmarschalls aus dieser Adelslinie erbte vor etwa 20 Jahren die Familie von und zu Gilsa den malerischen Besitz.

Eine schmale Asphaltstraße windet sich durch den Wald auf die Anhöhe. Auf dem Weg begegnet man Pferden und einigen Rhönschafen, die im Verlauf der neueren Adelsgeschichte noch eine gehobene Rolle spielen sollten. Der Burg vorgelagert ist ein Bauernhof, von dem ein gepflasterter Weg sehr steil zum Burgtor führt. Der Hof dahinter ist so klein, dass ein Auto seine liebe Not mit einem Wendemanöver haben würde.

Sollte sich die junge Familie von Gilsa entschließen, sich komplett mit neuen Möbeln einzudecken, dann wären die Möbelträger nicht zu beneiden: Denn haben sie es erst einmal über Kopfsteinpflaster und Hof geschafft, nehmen die Gänge, Treppen und Zimmer kein Ende. Und alle paar Meter ragt eine ganze Hörnerarmee von Jagdtrophäen aus der Wand. Aber alle Möbellieferanten der näheren und weiteren Umgebung dürfen jetzt erleichtert aufatmen: Das Schloss verfügt über eine durchaus ausreichende Anzahl von Möbelstücken, und auch wenn Tanja von Gilsa sich von Berufs wegen mit Inneneinrichtungen befasst: Sie richtet doch eher bei anderen ein, die vielleicht nicht schöner, aber leichter wohnen.

Bei einem Gang durch die hohen und langen Flure gehen uns unwillkürlich Gedanken durch den Kopf: »Stell dir vor, du machst drei Wochen Winterurlaub und kommst dann zurück – da brauchst du doch

Ein Blick auf die Stiftskirche – Austragungsort der Bad Hersfelder Festspiele.

weitere drei Wochen, um den Kasten einigermaßen warm zu kriegen!«

Die junge Schlossherrin weiß selbst nicht ganz genau, wie viele Zimmer da links und rechts der Korridore liegen. In einem befindet sich ihre kleine Dekorationswerkstatt mit Mustern, Stoffen und Säcken voller Rhönschafwolle. Letztere wird für die Inletts von Maßkissen gebraucht. Tanja von Gilsa näht gerade ein solches Kissen, passend zum Stuhl einer Kundin. Schaumstoff kommt für die Füllung nicht infrage – also steht den Rhönschafen vor der Burg eine wollige Zukunft bevor.

Und noch ein Stückchen Zukunft hat Einzug gehalten in das alte Gemäuer: Seit diesem Jahr kann man auf Schloss Ludwigseck in stilvollen, dem Ambiente angemessen eingerichteten Räumen auch übernachten. Wahlweise lassen sich – falls jemand einen Blick dafür hat – vom fast 200 Jahre alten Bett aus entweder die unglaublich breiten, vermutlich sehr dicken Dielen oder die ganz besonderen Tapeten bewundern. Und da auch das Freizeitverhalten der Wohnlage entsprechen sollte, gehört zum Angebot von Adel auf Wunsch auch Jagen, Angeln und Reiten.

Aber wie gesagt: Ab fünf Koffern aufwärts bringen Sie lieber einen Träger mit! Von Schloss Ludwigseck aus machen wir uns wieder auf den Weg nach Bad Hersfeld, jener Stadt, die sich gerade im fröhlichen Ausnahmezustand befindet.

Wie Wassertropfen hängen die verglasten Gondeln am Riesenrad. Wer in diesen Tagen eine gute Sicht auf das feierliche Treiben und Bad

Hersfeld sucht, dem seien einige Runden mit diesem Fahrgeschäft sehr empfohlen. Von da oben hat man auch einen sehr schönen Blick auf die Stiftskirche, die größte romanische Kirchenruine der Welt, alljährlich Austragungsort der Bad Hersfelder Festspiele.

An der Stiftskirche steht der Katharinenturm, und schon sind wir beim nächsten Superlativ: der Katharinenturm mit Deutschlands ältester Glocke, der Lullusglocke – 1083 gegossen, eine Tonne schwer. Nur fünfmal im Jahr wird sie geläutet: an den kirchlichen Hochfesten Weihnachten, Ostersonntag und Pfingstsonntag, zum Jahreswechsel und in der Woche des 16. Oktober, dem Todestag von Bischof Lullus.

Natürlich brennt das Lollsfeuer noch, aber die Schritte des Feuermeisters hallen nicht mehr so laut über den Platz wie am Morgen. Hunderte drängen sich um das Fierche, alte und junge Leute. Rundherum hört man fröhliches Stimmengewirr, Lachen und das Geräusch im Feuer zerplatzender Kastanien. Zu Hunderten werden sie in die hell lodernde Glut geworfen. Auch eine Tradition. Woher dieser Brauch mit den Kastanien kommt, weiß nicht mal Udo Roßbach – man wirft eine Kastanie und wünscht sich was dabei.

Warum es nun das Feuer gibt, darüber existieren nur Vermutungen, die aber irgendwie einleuchtend klingen. Die Besucher des frühen Kirchenfestes wurden an dem Feuer versorgt, und zu dem Feuer gehörte auch eine Hütte, eigens für jene Pilger aufgestellt, die keine andere Unterkunft mehr gefunden hatten. Eine weitere Funktion des Lullusfeuers wird gelegentlich im Zusammenhang mit den angeblich noch überwiegend heidnischen Nachbargebieten Sachsen und Thüringen gesehen. Die Flammen dienten als Signal für vertriebene Christen, eine Art Wegweiser zum Kloster.

Aber diese Theorie scheint ein wenig brüchig. Zum einen, weil die armen Vertriebenen in der Zeit außerhalb des Lullusfestes sonst nie des Nachts den Weg hätten finden können, zum anderen, weil man davon ausgehen darf, dass auch Sachsen und Thüringen zu jener Zeit bereits einigermaßen christianisiert waren. Auf jeden Fall aber lodert das Lollsfeuer in der Senke, in der Fulda und Haune zusammenfließen, und ist von den umliegenden Berghängen schon aus großer Entfernung zu sehen.

Die Menschen stehen also an diesem späten Herbstabend um das wärmende Feuer, und Udo Roßbach, der an diesem Tag schon unzählige Hände geschüttelt und Ansprachen gehalten hat, klingt etwas heiser. Trotzdem – der Feuermeister muss noch etwas loswerden, den Lollsruf. Den gibt es nämlich auch noch und wo der angestimmt wird, wird es sofort laut: »Enner, zwoon, dräi!!! – Bruuuuuuder Lolls!« Es ist ein bisschen so wie Karneval, aber sagen Sie das niemals laut, und schon gar nicht in Bad Hersfeld während des Lullusfestes.

Informationen auf einen Blick

Tourist Information Bad Hersfeld
Am Markt 1
36251 Bad Hersfeld
Telefon 06621 201274
Telefax 06621 201244
www.bad-hersfeld.de

Weitere Informationen zur Region

Das Lullusfest
Alljährlich im Oktober zelebriert die Festspielstadt Bad Hersfeld auf dem 2 ha großen Marktplatz das älteste deutsche Heimatfest: das Lullusfest. Es findet jedes Jahr in der Woche statt, in die der 16. Oktober fällt.
Internet: www.lullusfest.de

Museumsscheune Kirchheim/ Scheune an der Aula
Bertold Schmidt
Wiesental 19
36275 Kirchheim/Waldhessen
Telefon 06625 5128
www.kirchheim.de
Öffnungszeiten: Das Museum und das Café in der Scheune an der Aula sind sonn- und feiertags von 14–18 Uhr geöffnet. Gruppen nach Vereinbarung.

Führungen zu Hammundiseiche oder Nadelöhr
Gemeindeverwaltung Friedewald
Motzfelder Str. 12
36289 Friedewald
Telefon 06674 92100
Telefax 06674 921050
E-Mail info@friedewald-hessen.de
www.gemeinde-friedewald.de
Anfahrt: Die Hammundeseiche befindet sich mitten im Seulwald. Anfahrt über Landstraße in Richtung Hönebach. Rechts abbiegen, der Beschilderung folgen. Das Nadelöhr ist an der Straße Friedewald–Hönebach in ca. 4 km Entfernung zur Ortschaft Friedewald, auf der höchsten Stelle der alten Höhenstraße gelegen, direkt neben der Autobahn.

Osthessischer Bauernbarock
Allgemeine Informationen zum Bauernbarock und den jeweiligen Kirchen:
Touristik Service Waldhessen
Friedloser Straße 6
36251 Bad Hersfeld
Telefon 06621 620444
Telefax 06621 620445
E-Mail info@waldhessen.de
www.waldhessen.de

Schloss Ludwigseck
Casanier – Möbel, Stoffe, Konzepte
Tanja von Gilsa
Schloss Ludwigseck
36251 Ludwigsau
Telefon/Telefax 06670 1239
www.casanier.de

Weitere interessante Webadressen aus der Region

www.waldhessen.de
www.waldhessen-aktuell.de

Tour 12: Der märchenhafte Reinhardswald

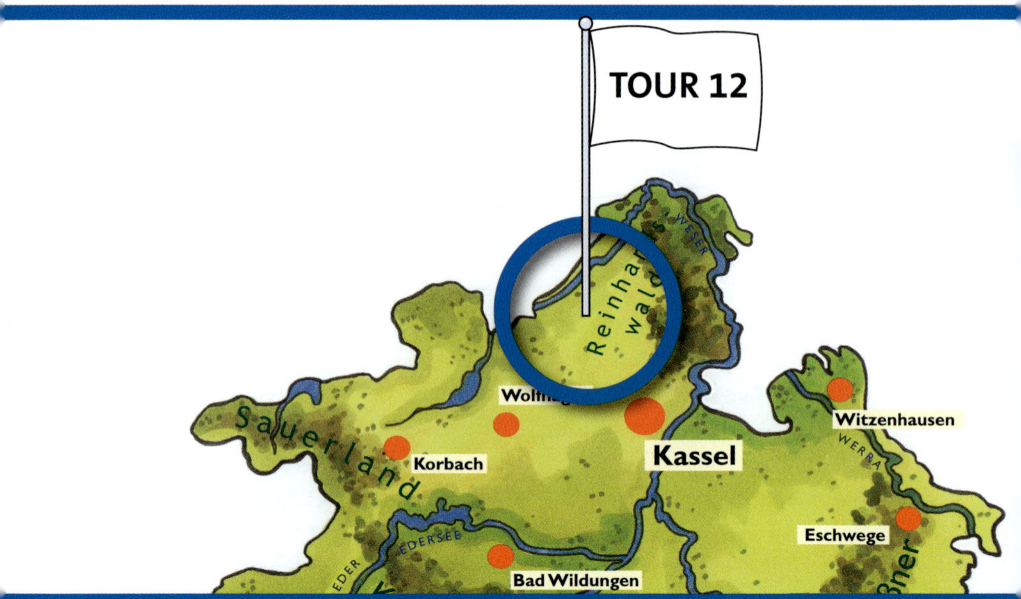

Natürlich muss man im Reinhardswald die Sababurg kennen. Viele mühen sich redlich, das alte Gemäuer in den Stand eines Dornröschenschlosses zu erheben. Warum auch nicht: Es ist das Land der Brüder Grimm, ringsum liegt mit dem Urwald ein nahezu verzaubertes Ambiente, und Rosen gibt es im Burggarten jede Menge. Schlafen wie Dornröschen, heiraten wie Dornröschen, essen wie im Märchen. Irgendwie sieht man das dieser Burg auch schon von weitem an. Trotz der gewaltigen Schutzmauern ahnt man aber dennoch: Eine Verteidigungsanlage im herkömmlichen Sinne kann das nie gewesen sein. War es auch nicht, aber dazu kommen wir später. Begnügen wir uns für's Erste mit dem zauberhaften Anblick an einem nebligen Herbstmorgen.

In Sichtweite der Sababurg liegt Europas ältester und größter Tierpark. Sicherlich sind die Zoos von Wien und Berlin auch alt, aber der Tiergarten Sababurg ist älter. Zugegeben, er hatte zwischendurch einige Jahre Pause, und das beflügelt gelegentlich Berliner wie Wiener zu erheblichem Widerstand, aber letztlich bleibt eines: Der im Reinhardswald wurde einfach viel früher gegründet, nämlich 1571. Damals war die Sababurg vorübergehend das Jagdschloss von

Wilhelm IV., dem damals zuständigen Landgrafen. Für ihn war das 130 Hektar große Gelände nicht nur ein ideales Jagdrevier – nein, der Mann war auch noch Forscher und führte deswegen Ure, weiße Hirsche, Damwild, Gämsen und Rentiere ein. Bis heute sind freilich viele Arten hinzugekommen: Luchs und Wolf, Pinguin und Waschbär, Pferd, Esel und viele andere. Lange, breite Baumalleen führen durch den Park, und selten haben Tiere mehr Platz als hier.

An den Hängen des Burgbergs mit einem malerischen Blick auf das Tierparkgelände liegt die Greifvogelstation. Von Ende April bis Ende Oktober fliegen hier dreimal täglich die Greife tief: Adler, Bussarde, Falken und eine Schnee-Eule. Hoch fliegen sie auch, aber nie sehr weit. Von einer kleinen Terrasse erfolgt der Abwurf, dann drehen die geflügelten Jäger allenfalls eine Runde bis zum nächsten Baum und lassen sich dort kurz nieder, um sehr bald auf den Vorsprung am Berg zurückzufliegen. Dort versteckt sich schließlich trickreich die Beute in den Händen von Bianca Weber, der Falknerin. Verstecken ist vielleicht etwas übertrieben und auch viel zu aktiv formuliert, denn es handelt sich um mausetote Küken. Im Winter dürfen sich die Tiere ausruhen, ein wenig Fett ansetzen, um dann im Frühjahr wieder aufzusteigen.

Wer am frühen Vormittag durch den Tierpark bummelt, wird sich vielleicht wundern, aber da läuft tatsächlich ein Mann mit einem Rentier. Und folgt man ihm, gelangt man zu einem Gehege mit einer ganzen Rentiergruppe. In der Brunftzeit ist Herr Ren von den Damen getrennt, aber durch einen Hochtzeitsgang mit ihrem Gehege verbunden. Der ist so schmal, dass die Damen ihn passieren können, wann immer sie Lust haben, der Bulle aber kann es nicht: der Fluch des ausladenden Geweihs – keine Chance. Uwe und Brigitte Kunze haben eine Tradition wieder aufleben lassen, denn Rentiere wurden hier bereits vor 430 Jahren unter Obhut einer Samin gehalten. Nun sind Uwe und Brigitte Kunze keine Samen, aber irgendwie dann doch. Bereits Uwes Eltern hatten enge Verbindungen zu jenem Volk, dessen Lebensraum sich über Schweden, Norwegen, Finnland bis hin zur

Tierpark Sababurg

Es ist Europas ältester Tierpark. Eingerichtet wurde er 1571 vom damaligen Landgrafen. Dessen Interesse ging glücklicherweise weit über die Jagd hinaus. Er importierte damals schon Ure, weiße Hirsche, Rentiere, Gämsen, Damwild und gab ein Vermögen dafür aus. Auch heute ist die Anlage sehr weitläufig mit einem großen Bestand seltener Tierarten. Im Frühjahr sind die Tiergeburten insbesondere für die kleinen Besucher ein Erlebnis: kleine Lämmer und Ziegen, Tarpanfohlen, Frischlinge und Urkälber. Breite Alleen ziehen sich durch den Tierpark und immer mal wieder hat man einen Blick auf die nahe gelegene Sababurg. Für den kleinen und großen Hunger gibt es auf dem Gelände ein gemütliches Fachwerkgasthaus, das zur Rast einlädt.

russischen Kola-Halbinsel erstreckt. Die Samen, früher abschätzig Lappen genannt, sind Rentierzüchter. Uwe Kunze hat einen Teil seines Lebens unter ihnen verbracht, und auch sein heute 26-jähriger Sohn lebt bei den Samen.

Die Rentiere sind also mit den Kunzes in den Tierpark Sababurg zurückgekehrt. Gerade in den schneefreien Zeiten, sieht es in dem Gehege am Boden etwas kahl aus: kein Gras, kein Moos. Die Tiere haben einen sehr sensiblen Magen und vertragen unser Gras nicht, gehen aber meilenweit für ein Stückchen Moos aus Schweden. Eine frische Karotte tut's aber auch.

Friedwald

Seit dem Jahr 2001 gibt es im Reinhardswald die Möglichkeit der alternativen Bestattung am Fuße von Bäumen oder Sträuchern. Kein Grabschmuck, keine Gedenktafeln, nur kleine Täfelchen an den Bäumen mit einer Buchstabenkombination oder den Initialen der Verstorbenen. Die Idee kam erst in den letzten 15 Jahren aus der Schweiz und obwohl die Pacht für die Baumgräber nicht gerade günstig ist, haben sich bereits Tausende auf diese Art bestatten lassen. Für ein Begräbnis unter einem alten Baum liegt der Preis bei 5.000 Euro, es gibt aber auch die preisgünstigere Alternative mit einer Urne an einem Gemeinschaftsbaum für 770 Euro. Die Pacht läuft im Jahr 2100 aus und bis dahin darf keiner der Bäume gefällt werden. Die Urne aus gepresstem Maismehl zersetzt sich übrigens innerhalb weniger Wochen und die Asche wird von den Pflanzen als Nährstoff aufgenommen.

Für Menschen, die das besondere Abenteuer suchen und über das Leben und die Lebensweise der Samen etwas erfahren wollen, haben die Kunzes ein Angebot: 24 Stunden im Reinhardswald leben wie die Samen. Dazu sind am Rande des Tierparks zwei große Zelte aufgebaut, in denen natürlich auf Rentierfellen übernachtet wird. In der Mitte brennt ein Feuer, über dem Feuer steht eine Art Herdplatte. Auf der wird Fladenbrot gebacken, dessen Teig zuvor mit Rentierbrühe angereichert wurde. Aber es werden auch Rentierfleisch, Zwiebeln und Kartoffeln gebraten.

Eine nachhaltig beeindruckende Sitte der Samen ist das Kaffeetrinken: Eine kleine Eisenkanne wird mit Wasser gefüllt und ins Feuer geschoben. Kocht das Wasser, wird aus einem Ledersäckchen grob gerösteter und sehr grob gemahlener Kaffee entnommen, in das Kännchen geschüttet und umgerührt. Bis dahin ist die Welt des normalen Mitteleuropäers noch in Ordnung, aber dann werden in eine Tasse mehrere Stückchen Käse gegeben und das braune Gebräu draufgekippt: Kaffee mit Käse. Der richtig harte Same nimmt ein Stück Würfelzucker zwischen die Lippen und saugt auf diese Weise das Getränk in sich hinein. Bis auf den Käse. Der wird dann später, schön weich geworden, gelöffelt.

Aus eigener verwunderter Erfahrung kann ich sagen: Die Aromen von Kaffee und Käse vermischen sich nicht. Der Kaffee riecht nach

Einst das Jagdschloss von Wilhelm IV.: die Sababurg.

Kaffee und nicht nach Käse, und der Käse schmeckt nicht nach Kaffee. Dieses einmalige Erlebnis gibt es wirklich nur bei den Kunzes – die gemütliche Gaststätte im Fachwerkhaus am Eingang des Tierparks führt Kaffee ohne Käse, aber mit aufgeschäumter Milch …

Der Reinhardswald, seit 1907 eines der ersten deutschen Naturschutzgebiete, ist heute Hessens größtes geschlossenes Waldgebiet. Man spricht von ihm als dem deutschesten aller Wälder mit einer 200 Jahre alten Eichenallee, mit 170 Jahre alten Eichenpflanzwäldern, den berühmten Huteeichen, mächtigen alten Buchen in bizarren Formen und einem Wurzelwerk, das man so woanders nicht zu sehen bekommt.

In diesem Wald leben Wildschwein, Reh und Rothirsch, Fuchs und Wildkatze, Rabe, Specht und Schwarzstorch. Und mitten in dem riesigen Areal liegt Deutschlands erster Friedwald. Für den hat sich seinerzeit Oberforstamtsrat a. D. Hermann Josef Rapp gewaltig ins Zeug gelegt, und am 7. November 2001 war es dann so weit: Der erste einer ganzen Reihe von Naturfriedhöfen wurde eröffnet. Begräbnis am Fuße eines Baumes oder am Rand eines Busches, Bestattung in einer Urne – biologisch abbaubar, ein kleines Schildchen am Baum mit den Namen jener, die hier begraben sind. Hermann Josef Rapp führt an diesem Vormittag eine Besuchergruppe aus dem Norddeutschen durch seinen Friedwald, und die überwiegend aus Damen bestehende Gruppe wandert mit gemischten Gefühlen über das feuchte Herbstlaub.

Ab in den Urwald Sababurg!

Keine ist dabei, die sich spontan begeistert gezeigt hätte, denn zu ungewohnt und neu ist für viele diese Art des Begräbnisses. Na ja, sagte die eine, es wäre schon schön, wenn sich niemand um die Pflege des Grabes kümmern müsse, aber einfach so im Wald? Andere weichen der Frage aus und sagen, dass ihr Begräbnisort schon klar definiert sei. Andererseits haben in den letzten fünf Jahren bereits 1400 Menschen diesen Wald als ihre letzte Ruhestätte gewählt.

Der Friedwald im Reinhardswald hat Zulauf. Ein ganzes Netz von Wanderwegen und Wanderparkplätzen erleichtern Wanderern den Besuch, und wer so einen ganz richtig alten Wald, fast einen Urwald, erleben will, kommt um den Reinhardswald nicht herum.

Der Name stammt übrigens der Sage nach von einem Ritter namens Reinhard, und von dem wiederum, so die Sage, stammt auch der Wald. Besagter Ritter Reinhard war wegen Erpressungen und Räubereien zum Tode verurteilt worden, durfte aber noch eine letzte Bitte äußern, die ihm auch gewährt werden sollte: Noch einmal vor seinem Tode wollte er seine Huten bestellen und abernten. Das wurde ihm gestattet. Listig brannte der Adelsmann die Dörfer nieder und säte auf den Äckern der Bauern Eicheln. Deren Früchte allerdings reiften erst lange nach einem sehr natürlichen Tode des Ritters.

Und noch eine schöne Geschichte spielt in diesem Wald – eine mit handfesten Auswirkungen religiöser und wirtschaftlicher Art. Der Ursprung für diese Geschichte liegt nahe Gottsbüren, einem kleinen Ort mit einer gewaltigen Wallfahrtskirche, an der verdächtig viele Wege zusammenlaufen.

Der Metzger Schumann hat vor seinem Geschäft wie immer zu wichtigen Ereignissen seinen mobilen Grillstand aufgebaut. Es gibt rote Ritterwurst. Der Rauch zieht um die Köpfe der Anwesenden, und Klaus Wellner vom Geschichtsverein erzählt eine wahre Geschichte, gespickt mit kuriosen Details. 1330, vielleicht auch schon ein Jahr zuvor, wurde im Wald der Leib Christi gefunden. Jawohl, der nämliche: Mit Wundmalen an Händen und Füßen. Es stimmte einfach alles, und flugs wurde der Leichnam in den Stand der Ganzkörperreliquie erhoben und in der damals noch ziemlich kleinen Kirche aufgebahrt.

Damit begann sofort das große Wirtschaftswunder: Ein Jahr später konnte eine neue Kirche gebaut werden, weitere vier Jahre später entstand zum Schutze der Pilger die Sababurg. Bauern ließen ihre Äcker im Stich und eröffneten Wirtshäuser, die Nonnen des nahen Klosters errichteten eine Außenstelle, wurden aber vom Bischof alsbald wieder zurück in ihre Kemenaten gepfiffen.

Der Devotionalienhandel blühte, und nach vorsichtigen Schätzungen hat dieser Fund in den folgenden einhundert Jahren umgerechnet 20 Milliarden Euro in den Reinhardswald gespült. Viele Pilger, auf dem Weg nach Santiago de Compostela zum Grab des Apostels Jakobus, beendeten ihre Wallfahrt in Gottsbüren: Das war bedeutend kürzer und galt auch. Eine prächtige Geschäftsidee, sagt heute auch Klaus Wellner mit einem Lachen in den Augen.

Es ist eigentlich ein zweites Wunder, dass diese Geschichte noch nicht zum Stoff eines mittelalterlichen Kriminalromans geworden ist, denn wie jede Geschichte hat auch diese eine Vorgeschichte mit jahrhundertelangen Grenzkonflikten zwischen Thüringern und Sachsen, mit ständigem Herrschaftswechsel und Gebietsansprüchen nicht nur weltlicher Art.

Das Wunder von Gottsbüren war Segen und Geldregen in einem. Und die vielen Wege rund um Gottsbüren sind die alten, inzwischen wieder ausgebauten Pilgerpfade. Wer die ganze Geschichte hören will, kombiniert mit einer Führung durch die Wallfahrtskirche, sollte sich an den Geschichtsverein und Klaus Wellner wenden. Aber Achtung: Es geht auch über den Dachboden und in den Turm des Gemäuers, und Höhenangst wäre für diese Reise ein echtes Hindernis. Ein interessierter, aber eben nicht schwindelfreier Inder blieb, von allen unbemerkt, eine ganze Zeitlang oben im Gebälk stecken. Zum Glück gab es abschließend eine Zählung der Schäfchen, und

Die Wallfahrtskirche in Gottsbüren.

Hofgeismar.

das Fehlen des Gastes wurde bemerkt.

Geschichte und Geschichten hinterlassen oft tiefe Spuren in einer Region. Nicht nur in den Köpfen der Menschen. Oft führen Geschichte und Geschichten auch zu Veränderungen der Topografie, Berge verschwinden oder entstehen, Dörfer kommen und gehen, ganze Wälder werden gerodet für neue Dörfer oder nur, um Holz für Schiffe zu gewinnen. Manche Wälder werden auch unbeabsichtigt zu Heidelandschaften, weil die Bauern nicht wussten, welche Spuren ihre Rinder und Schweine zwischen den alten Bäumen hinterlassen – und vor allem, was die Folgen sein könnten. Mir helfen Geschichten immer, eine Region und ihre Menschen besser zu verstehen, und sie bereichern mich so sehr, dass ich mir mit Vergnügen unglaublich viele merke.

Wir haben auf unserer Reise rund um den Reinhardswald Hofgeismar nur gestreift. Dabei ist es eine sehr schöne kleine Stadt mit einem ganz eigenen Flair. Hier gibt es nicht nur im Steinernen Haus Deutschlands einziges privates Apothekenmuseum, sondern das gesamte Ensemble vieler alter Gebäude und Gassen strahlt eine große Ruhe und Gemütlichkeit aus. Empfehlenswert ist ganz sicher eine Stadtführung, die etwa zwei Stunden dauert. Sollten Sie zufällig auf die Teilnehmer eines solchen Rundganges stoßen, dürfen Sie sich ungeniert anschließen.

Sollten Sie indes ein begnadeter Würfler sein, dann eröffnen sich Ihnen in der nordhessischen Stadt völlig neue Perspektiven, denn alljährlich finden hier die Hessischen Würfelmeisterschaften statt. Kleiner Tipp für knappe Kassen: 2006 lag die Siegesprämie bei 10 000 €. Und auch zum Würfeln gibt es in der Geschichte wieder eine Geschichte. Im Jahr 1401 belagerten Hermann von Hessen und Braunschweiger Herzöge das kleine Hofgeismar. Dort hatte sich einer verkrochen, der dringend des Mordes an einem der Braunschweiger verdächtig war.

Die Belagerung zog sich über Monate hin, und sowohl den Angreifern als auch den Verteidigern ging langsam die Puste aus. Die Vorräte waren aufgebraucht, keiner konnte den anderen bezwingen. Bei den Indianern wären in einem solchen Falle vielleicht die inzwischen erschöpften Häuptlinge zum Zweikampf in den Ring gestiegen, und tatsächlich soll es solche Überlegungen auch an den Stadtmauern von Hofgeismar gegeben haben, aber man einigte sich letztlich darauf, dass die Würfel entscheiden sollten: drei Würfel, ein Wurf, die höchste Punktzahl gewinnt die Stadt.

Einfache Regel, schnelles Spiel, und der Vertreter von Hessen und Braunschweig legte auch gleich eine 17 vor. Doch der Jubel der Belagerer war verfrüht, denn der Geismarer konterte mit der höchstmöglichen Punktzahl, und die Stadt war gerettet. Und zu dieser Geschichte gehört natürlich auch ein Ort in Hofgeismar: der Würfelturm. Seit einigen Jahren lässt man diesen historischen Hintergrund wieder aufleben, und mit einem solchen Wurf lässt sich in Hofgeismar zu bestimmten Zeiten einiges regeln: Eine 18 in der Kneipe gewürfelt kann unter Umständen zu einer kostenlosen Mahlzeit führen.

Da Hofgeismar an der deutschen Märchenstraße liegt und touristisch mit dem Reinhardswald als Märchenland geworben wird, ist es kein Wunder, dass im Stadtbild die eine oder andere märchenhafte Skulptur auftaucht.

Die Arbeiten des Bildhauers Rolf Steiner begegnen einem sowieso in der Region auffallend oft: der Brunnen in Hofgeismar, ein paar Kilometer weiter der Brunnen in Hümme, die Freilandplastik »Trendula« in Trendelburg. Letztere ist nun wirklich nicht zu übersehen: Eiche, sieben Meter hoch. In einer

Die Werke des Bildhauers Rolf Steiner sieht man häufig im Reinhardswald.

»Trendula«.

Hand hält sie mühelos einen Stier, denn Trendula war eine von drei Riesenschwestern.

Auch im Tierpark Sababurg finden sich mit den zwei Luchsen aus Kalkstein Spuren des Bildhauers Rolf Steiner. Er wohnt und arbeitet in Deisel, einem Ortsteil von Trendelburg. Da hat der Meister in seinem verwunschenen Garten nicht nur Schafe und viele Figuren unter freiem Himmel, sondern auch seine geräumige Werkstatt. Allerdings ist freier Raum rar, denn Plastiken in allen Größen, Ausdehnungen und Formen sind, keinem erkennbaren Ordnungsprinzip folgend, kunterbunt in der Halle verteilt. An diesem Tag macht sich Rolf Steiner an einem sehr großen Stück Holz zu schaffen, vielleicht einen Meter dreißig hoch, dickwandig und sehr schwer. Teilweise schon behauen, geschliffen, und an vielen Stellen kamen sehr schöne Linien und Verläufe der alten Ulme hervor. Die war vor lauter Altersschwäche im Reinhardswald umgefallen und wird dort auch wieder ihren Platz finden: als Kanzel in der kleinen Kapelle des Tierparkes.

Viele endlose Stunden hat Rolf Steiner schon an der Ulme verbracht, um überhaupt erst herauszufinden, wie die Maserung verläuft und wie er sich in das Holz hineinarbeiten kann. Das und was sonst zur Bildhauerei gehört, kann man übrigens in Wochenendseminaren beim Meister lernen.

Der Reinhardswald ist nicht nur einfach ein Wald, sondern er stellt auch eine politische Einheit dar: als Forstgutsbezirk Reinhardswald ist diese politische Einheit knapp hinter Frankfurt Hessens zweitgrößte Gemeinde. Und hat zwei Einwohner. Um die zu besuchen, muss man wirklich lange, lange durch den Wald laufen. Reinhold Heck hat gesagt, dass der Weg ganz leicht zu finden wäre: immer nur den alten Köhlerpfad entlang.

Irgendwie müssen wir einen Abzweig verpasst haben; es wäre besser gewesen, wir hätten den Umweg über die Autobahn genommen. Das heißt, von Deisel über Hofgeismar in Richtung Kassel auf die A7 und dann in Hannoversch Münden wieder herunter.

Hoch oben über der Stadt, in der sich Werra und Fulda zur Weser vereinen, erhebt sich die Tillyschanze. Der weithin sichtbare Turm wurde erst vor etwas mehr als hundert Jahren dort erbaut, zur Erinnerung an den Grafen von Tilly, der hier angeblich 1626 während des Dreißigjährigen Krieges seine Kanonen gegen Hann. Münden in Stellung gebracht hatte. Spätere Forschungen ergaben jedoch, dass der Graf keineswegs so dumm war, seine Kanonen auf diesen Berg schleppen zu lassen.

Der Turm, 25 Meter hoch, versehen mit 129 Stufen, verfügt auf seiner Spitze über eine Aussichtsplattform, und wer unbedingt nach Niedersachsen schauen möchte, kann das von da oben gern tun. Übrigens ist der Blick auf die Stadt ein sehr schöner – Niedersachsen hin oder her. Man kann sich in dem Steinturm auch trauen lassen. Anschließend müssen alle über eine Holzbrücke schreiten, und da, wo die Brücke endet, beginnt Hessen. Mit Grenzstein. Wir sind genau an der Grenze, und dort wohnen und arbeiten die beiden einzigen Einwohner des Forstgutsbezirks Reinhardswald: in der Waldgaststätte Tillyschanze. Das Leben an der Landesgrenze ist zwar schön, verwaltungstechnisch aber schwierig, denn Marlies Scheffel und Reinhold Heck haben zum Beispiel keine Postleitzahl. Das macht die Zustellung kompliziert, und der Hesse Reinhold Heck hat sich in Niedersachsen ein Postfach mieten müssen.

Aber damit nicht genug: Auch in den Fahrzeugpapieren muss eine Postleitzahl verzeichnet sein. Da auf dem Landratsamt bei der Ausstellung lebhafte Verwirrung herrschte und sich der Schein nicht ausdrucken ließ ohne diese kleine Nummer, kam eine pfiffige Mitarbeiterin auf die Idee, es mit vier Nullen zu probieren und siehe, es funktionierte zwar, aber wenn die beiden in eine Verkehrskontrolle geraten, zieht sich das immer etwas hin. Kein Polizist glaubt den vier Nullen auf Anhieb.

Das tut allerdings dem Erfolg der Gastwirtschaft keinen Abbruch: Im Sommer lässt es sich fantastisch im Garten sitzen, und die Speisekarte bietet alles, was den ambitionierten Wanderer sättigen kann. Und man sitzt dort oben in dem tiefen Bewusstsein, im hessischen Reinhardswald zu speisen, aber auf Niedersachsen herabblicken zu können.

Ein Leben ohne Postleitzahl – Marlies Scheffel und Reinhold Heck auf der Tillyschanze.

Informationen auf einen Blick

Tourist Information
Markt 5
34369 Hofgeismar
Telefon 05671 5070400
Telefax 05671 500839
E-Mail reinhardswaldinfo@gmx.de
www.reinhardswald.de

Weitere Informationen zur Region

Dornröschenschloss Sababurg
34369 Hofgeismar
Telefon 05671 8080
Telefax 05671 808200
E-Mail
dornroeschenschloss@sababurg.de
www.sababurg.de
Das Dornröschenschloss Sababurg ist heute ein Hotel mit Restaurant – also ein idealer Ausgangspunkt für Erkundigungen im Reinhardswald.

Tierpark Sababurg
Kasinoweg 2
34369 Hofgeismar
Telefon 05671-80012251
Telefax 05671-80012250
E-Mail info@tierpark-sababurg.de
www.tierpark-sababurg
Der Tierpark ist das ganze Jahr geöffnet – Greifvogelflugschauen finden aber erst im Frühjahr statt. Öffnungszeiten im Winter täglich von 10–16 Uhr, Eintritt: Erwachsene 3,50 €, Kinder 2 €.

Rentiere
Uwe Kunze
Triftstr. 77–81, 34246 Vellmar
Telefon 0561 821423
Telefax 0561 825629
E-Mail info@renrajd.com
www.renrajd.com
Uwe Kunze kümmert sich im Tierpark Sababurg schwerpunktmäßig um die Rentiere und setzt sich für die Minderheit der Samen, der Urbevölkerung von Lappland, ein.

Urwald Sababurg
Mitten im Reinhardswald liegt das älteste Naturschutzgebiete Hessens – der Urwald Sababurg. Literaturtipp: Baumriesen und Adlerfarn. Der »Urwald Sababurg« im Reinhardswald, hrsg. von Hermann-Josef Rapp und Marcus Schmidt, euregioverlag 2006.

Der Friedwald im Reinhardswald
FriedWald GmbH
Im Leuschnerpark 3
D-64347 Griesheim
Telefon 06155 8480
Telefax 06155 848111
E-Mail info@friedwald.de
www.friedwald.de

Wallfahrtsort Gottsbüren
Klaus Wellner
Auf der Insel 7
34388 Trendelburg-Gottsbüren
Telefon 05675 1730
www.gottsbueren.de

Die Burg Trendelburg.

Führungen durch Gottsbüren und die Wallfahrtskirche organisiert der Geschichtsverein.

Stadt Hofgeismar
Markt 1
34369 Hofgeismar
Telefon 05671 999000
Telefax 05671 999200
E-Mail info@stadt-hofgeismar.de
www.hofgeismar.de
Alle Informationen zu Stadtführungen oder dem Apothekenmuseum im Steinernen Haus.

Bildhauer Rolf Steiner
Rolf Steiner
Baubergstraße 7
34338 Trendelburg-Deisel
Telefon 05675 9347
Telefax 05675 720052
E-Mail
rolfsteiner@bildhauerwerkstatt.de
www.bildhauerwerkstatt.de

Tillyschanze
Forstgutsbezirk Reinhardswald
Waldgaststätte Tillyschanze
Postfach 1146
34331 Hann. Münden
Telefon 05541 1890
Telefax 05541 73995
E-Mail tillyschanze@t-online.de
www.tillyschanze.de
Öffnungszeiten: Mai bis Oktober ab 10 Uhr, Montag Ruhetag, November bis März ab 11 Uhr, Montag und Dienstag Ruhetag.

Weitere interessante Webadressen aus der Region

www.landkreiskassel.de
www.stadt-hofgeismar.de

Tour 13: Ein Tag in und um Beerfurth im Odenwald

Es gibt kaum einen Flecken in dieser Odenwaldlandschaft, von dem nicht irgendeine Sage oder Geschichte handelt. Über den Grund dafür kann man lange nachdenken, aber am wahrscheinlichsten ist die folgende Variante: Der Odenwald hat nicht mehr Sagen und Geschichten als andere Regionen Hessens auch, im Odenwald haben sie sich lediglich besser gehalten. Eine Art Frischhaltefolie, weil die große Welt von außen nur schwer in diese Gegend eindringen konnte. Keine Autobahn, kein größerer und schiffbarer Fluss, die einzige Eisenbahnverbindung führt eingleisig von Darmstadt nach Erbach. Da fällt es neuen Geschichten nicht leicht, die alten zu ersetzen.

Unter den Odenwäldern wird das Gebiet um Reichelsheim, Fränkisch-Crumbach und Beerfurth das Rodensteiner Land genannt. Das Rittergeschlecht der Rodensteiner lebt seit Jahrhunderten hier und sorgt gelegentlich noch heute für Gesprächsstoff. Niemand hat den Rodensteiner gesehen, aber viele haben ihn gehört.

Die Berge sind nicht sehr steil und die Täler überwiegend nicht zu eng. Sternenförmig von Beerfurth aus soll es an diesem Tag im späten November ins Ostertal gehen, in den Wald – zum Wildweibchenstein und zur Burgruine Rodenstein. Doch dieser November ist irgendwie anders als andere vor ihm. Die Wiesen liegen in saftigem Grün, hin und wieder sieht man eine Butterblume oder ein Gänseblümchen und das Laub hält sich noch immer tapfer an den Bäumen.

Die Überlegung im Team der Redaktion war folgende: Der Dezember steht kurz bevor, in den Supermärkten quillt das weihnachtliche Zubehör schon seit Wochen aus den Regalen, warum die Zuschauer nicht eine Woche vor Beginn der Adventszeit vorsichtig auf dieselbe einstimmen? Gut, auf Schnee hatten wir nicht gehofft, aber mit einer derartigen Herbstlandschaft auch nicht gerechnet.

Wir treffen uns früh um acht Uhr oberhalb von Beerfurth mit dem Friesenteam. Das Friesenteam besteht aus Fritz, Paul und Matthias Sponagel. Letzterer lenkt die Kutsche und ruft hin und wieder seinen beiden Friesen aufmunternde Worte zu. So kurz vor dem angeblich bevorstehenden Winter haben die beiden schon eine Weile im Stall gestanden und möchten eigentlich nur laufen, laufen, laufen.

Herr Sponagel ist wirklich Kutscher mit Leib und Seele, und würde es irgendwie gehen – er würde seinen Beruf sofort sausen lassen. Matthias Sponagel ist Gerichtsvollzieher, spricht aber über diesen Teil seines Lebens überhaupt nicht. Aber deswegen sind wir auch nicht mit ihm unterwegs. Er kennt jeden Waldweg weit und breit und sehr viele Geschichten: über Menschen, Steine und die Launen der Natur.

Das Friesenteam bringt uns in schneller Fahrt talwärts, über Feldwege nach Beerfurth, einen kleinen, sehr ruhigen Ortsteil von Reichelsheim. Vor einem der Häuser der erste Halt. Äußerlich ein Wohnhaus: Fenster, ein Hoftor und hoch oben an der Wand eine Brezel als einziger Hinweis auf die Lebkuchenbäckerei Baumann. »Seit 1785« ist da zu lesen.

Man muss also durch jenes Hoftor und hält sich dahinter scharf links, um über mehrere Stufen durch einen schmalen Vorraum in die Bäckerei zu gelangen. Wer denkt, dass es da doch ein Schaufenster geben müsste mit einem Verkaufsraum, der befindet sich im Irrtum: Die Holztür zur Backstube öffnet sich, und der Besucher wird

Mathias Sponagel mit seinen Friesen.

überwältigt von einem Aromastrom, der sich sofort in der Nase festsetzt: frische Lebkuchen, Anis, Holz.

Die Dielen sind aus Holz, genau wie die Backtische. Der große Ofen gleich linkerhand wird mit Holz befeuert. Den haben noch Willi Baumanns Großvater und Vater gebaut. Und Willis liebster Spielplatz als Kind war die Backstube. Er hat sich sogar einmal, um nicht entdeckt zu werden, in einer Kiste unter einem der Tische versteckt und ist dort eingeschlafen – eine der vielen Geschichten rund um ein Bäckerleben.

Odenwälder Lebkuchen und Weihnachtsbäckerei Baumann

Es gibt kein Schaufenster, nur ein Schild an der Hauswand. Durch eine Toreinfahrt und über schmale Stiegen gelangt man in die Bäckerei, die zugleich auch Verkaufsraum ist. Dem Charme von Willi Baumann und seiner kleinen Lebkuchenbäckerei kann man sich einfach nicht entziehen: Hier wird noch alles von Hand hergestellt, gebacken wird im alten Holzofen – ein Prachtstück! Jedes Jahr im August beginnt Willi Baumann mit seiner Lebkuchenproduktion und bis Weihnachten herrscht in der kleinen Backstube emsige und fröhliche Betriebsamkeit. In den 4 Wochen vor Weihnachten halten inzwischen sogar fast täglich Reisebusse vor dem Laden. Verkauft wird direkt vor Ort, das heißt, die Liebhaber der süßen weihnachtlichen Leckereien können dem Meister des Lebkuchens beim Backen zuschauen. Ein vorweihnachtliches Erlebnis der besonderen Art, des besonderen Geschmacks und der besonderen Aromen.

Diese Backstube ist klein und schmal. An der Fensterfront wird Mehl gestreut, mit dem Nudelholz der Teig ausgerollt, dann durch die Presse geschickt, damit die Anisplätzchen ein weihnachtliches Muster bekommen. Zwei Damen und Willis Sohn arbeiten nebeneinander mit Blick auf den Innenhof. Das Klackklackklack dieser Presse, das beim Drehen der Kurbel entsteht, ist neben dem Klappern der Nudelhölzer das beständige Geräusch, nur übertönt vom Klingeln eines alten Plastikweckers, der alle zehn Minuten die Ankunft frisch gebackener Lebkuchen verkündet. Dann schnappt sich Willi Baumann seinen Holzschieber mit dem langen Stiel, und Blech für Blech wird ins Regal geschoben. Es gibt Lebkuchen in allen Größen und Formen: als Herzen, Pferdchen oder rechteckig mit fünf Mandeln.

Die einzige Maschine in dieser Bäckerei steht in einem noch kleineren, angrenzenden Raum in der Ecke: die Teigrührmaschine. Jedes Bäckereimuseum würde sich über ein solches Exponat freuen, aber sie wird hier gebraucht und rührt und rührt und rührt. Die genaue Zusammensetzung seiner Zutaten verrät der sonst so gesprächige Meister allerdings nicht. Ach ja – und in diesem kleinen Raum, der beinahe zu einem Viertel von der Maschine besetzt wird, stehen dann auch die Lebkuchenregale, aus denen heraus Frau Baumann das weihnachtliche Gebäck entnimmt, verpackt und verkauft.

Und nun stelle man sich Folgendes vor: Täglich werden etwa drei bis vier Zentner Lebkuchen gebacken – da fliegen die Bleche schon mal tief, so dass die werte Kundschaft am besten tief gebückt durch die Stube huscht. An manchen Tagen in der Weihnachtszeit kommen um die hundert Besucher. Dabei wird keineswegs schweigend gearbeitet. Scherze fliegen hin und her, und der Chef sorgt für extrem fröhliche Stimmung. Keiner, der den Hof betritt, bleibt den wachsamen Augen der kleinen Belegschaft verborgen, nur wenn der Kunde dann endlich die Backstube betritt, wird es stiller, und er hört nur noch das Klappern des Nudelholzes und das Klackern der gusseisernen Leier. Wer den munteren Willi Baumann und seine Lebkuchengang besuchen will: Von Januar bis August arbeitet der Bäcker in seiner Landwirtschaft, und etwa ab Ende August hält er wieder Einzug in sein duftendes Reich.

Das Friesenteam steht vor der Tür, Herr Sponagel ruft Fritz und Paul ein »Pack an!« zu, dann geht es durch Beerfurth zur nächsten Station. Was Matthias Sponagel so gar nicht versteht: Nur ganz wenige Leute mögen im Herbst Kutsche fahren. Wozu gibt es denn warme Sachen? Und wozu hat er Decken, in die man sich einmummeln kann? Gerade die Herbstlandschaft des Odenwaldes hat etwas Geheimnisvolles, wenn der Frühnebel schwer über den Bergen liegt und man das gedämpfte Rufen einer Krähe hört,

Lebkuchenbäcker Willi Baumann.

und die Wege sind nicht so staubig. Nächster Halt: Bundesstraße, Gäulchesmacher.

Wie ein Märchenhaus steht es da, und wäre nicht die Bundesstraße, könnte man das Wort Idylle bemühen: schräg abfallende Dachfronten, eine kleine Tür, ein Schaufenster, Holzspielzeug wie Leiterwagen, Eisenbahnen, kleine Schubkarren und vor allem Schaukelpferdchen, in allen Größen mit verschiedenfarbigem Zaumzeug. Nicht jedes Schaukelpferd auf der Welt ist ein Gäulchen – so heißen nur jene, die aus dem Odenwald kommen. Dabei hat das Wort an sich schon eine Menge durchmachen müssen. Ursprünglich hieß es Gailchen. »Ourewällerisch« ist das, und in den letzten Jahren ist der Gailchesmacher von den Gailchen zu den Gäulchen übergegangen.

Annette Krämer ist die letzte einer ganzen Dynastie dieser Hand-

Wer als Schaukelpferd etwas auf sich hält und aus dem Odenwald kommt, heißt »Gäulchen«.

werker, und ihr Mann Harald Boos ist erst vor zehn Jahren in das Geschäft mit den Holzpferdchen eingestiegen. Inzwischen macht jeder von den beiden alles: zuschneiden, drehen, leimen, malen.

Jeder Schaukelpferdtyp in den traditionellen Apfelschimmelfarben hat eine eigene Nummer, sozusagen eine Typnummer. Früher zogen nämlich die Händler von Werkstatt zu Werkstatt und kauften beispielsweise sieben Gäulchen Nummer vier und zwanzig Nummer zwei. In der Mitte des 19. Jahrhunderts soll ein Horndreher den Odenwald mit diesem Spielzeug infiziert haben, indem er das erste Schaukelpferd mitbrachte, vermutlich von einem Jahrmarkt. Die Idee war geschäftsträchtig, und so ging das Holzpferdevirus von Werkstatt zu Werkstatt. Einige Jahre später lebten von diesem Handwerk dann schon 23 Familien. Heute gibt es nur noch diese eine, und die fertigt nach den Mustern von 1899 – weitergegeben von Generation zu Generation.

Vom Geschäft an der Straße zur Werkstatt sind es nur ein paar Schritte über den Hof. Man steigt eine schmale Treppe hinauf, folgt dabei eigentlich nur dem Geruch von Farbe und Leim, und bald ist die Kinderstube erreicht. Und da stehen sie schon: die Gäulsches – in Reih und Glied. Manche schlummern noch nackt in kleinen Kisten und Kartons, hier die Beinchen, da

Der Gäulchesmacher

»Gäulsches« oder »Gäulchen«; mundartlich für kleines Pferd. Gemeint sind jene Spielzeuge, die weithin als Schaukelpferd bekannt sind. Diese Pferdchen entstehen in der Werkstatt in verschiedenen Größen, aber in immer ähnlichen Formen und Bemalungen.

Über zwanzig Gäulschesmacher ernährten einst ihre Familien mit ihrem Handwerk, heute ist es nur noch einer, der das Lieblingsspielzeug der Odenwälder herstellt: Der Gäulschesmacher von Beerfurth ist der letzte seines Standes. Die Schaukelpferdchen waren lange Zeit der Verkaufsschlager der Region. Weil die Nachfrage so groß war, gab es Standardgrößen, die von allen Gäulschesmachern hergestellt wurden. Mit der Schreibweise ist es übrigens so eine Sache: Über dem Haus der Pferdchenbauers steht Gäulschesmacher, seine Holztierchen schreibt er aber Gäulchen. Da werd mal einer draus schlau! Heute sind die Holzpferdchen übrigens ein beliebtes Odenwälder Souvenir.

die Köpfe. Es ist wie eine Erinnerung an ein ganz weit zurückliegendes Weihnachten. Wer dieses Gefühl wieder spüren will, dem sei ein Besuch in dieser Werkstatt wirklich empfohlen. Und jede Wette: Ein Gäulchen reist auf dem Heimweg mit!

Mit den weitaus größeren Pferdchen von Herrn Sponagel geht die Reise weiter über die Hochebene des Rodensteiner Landes. Wir passieren in schnellem Trab die zwölf Apostel, die weder echte Apostel sind noch etwas mit der Zahl zwölf zu tun haben. Mitten in freier Landschaft steht eine kleine Baumgruppe, bestehend aus dreieinhalb schmalen Bäumchen mit einer Bank zu den schlanken Füßen.

Matthias Sponagel sagt, es seien einmal zwölf gewesen, aber selbst gesehen hat er sie nicht. Und weil sie da wie Wächter standen, haben sie diesen Namen bekommen. Natürlich kann das alles auch ganz anders sein, denn beinahe jede Sage im Odenwald wird in mindestens zwei verschiedenen, oft erheblich voneinander abweichenden Fassungen überliefert.

Von Reichelsheim aus führt der schmale Asphaltweg am Rand enger Täler in den Wald zur Burgruine Rodenstein, ein heute noch mächtiges Gemäuer umgeben von hohen Bäumen. Hinter dem Tor steigt der Weg aus Kopfsteinpflaster steil an und führt hinauf zum Pallas. Unter diesen hohen Mauern mit Blick hinunter auf einen Teil des Rodensteiner Landes wird man schon von einem seltsamen Gefühl beschlichen. Und man muss dazu nicht einmal die Sage vom Ritter Hans kennen.

An dieser Stelle im Wald vor der Burg also bleibt das Friesenteam stehen. Matthias Sponagel lacht: »Das war ein ganz wüster Raufbold, dieser Ritter Hans. Vierzehn Kinder soll er gehabt haben, und als seine Frau mit dem letzten der Kinder schwanger war, zog Ritter Hans allen Bitten zum Trotz mal wieder in den Krieg. Kurz bevor seine Frau nach der letzten Geburt starb, soll sie ihn ganz fürchterlich verflucht haben. Seither findet Hans keine Ruhe. Er flattert nicht etwa als handelsübliches Schlossgespenst im weißen Tuch umher, sondern saust mit seinem wilden Heer durch die Lüfte, mit Kettengerassel, Pferdegewieher und Hundegebell.«

Das Erscheinen des Rodensteiners gilt in der Gegend seit Jahr-

Das »Herrliches Hessen«-Team durfte dem »Gäulchesmacher« bei seiner faszinierenden Arbeit über die Schulter schauen.

Der fallende Bach.

hunderten als sicherer Vorbote eines nahenden Krieges, und es gibt sogar Aufzeichnungen darüber, wann der Rodensteiner gehört wurde und dann der nächste Krieg ausbrach. Glauben Sie es oder nicht: Der wilde Hans wurde oft gehört, und immer brach zu der Zeit irgendwo auf der Welt gerade ein Krieg aus.

Zwischen Dichtung und Wahrheit entstehen oft ganz viele Sagen und Geschichten. Vermutlich geht diese auf einen echten Ritter Hans zurück, der im 15. Jahrhundert gelebt hat. Die Burg selbst ist natürlich viel älter, aber die Spuren reichen nur bis in die Zeit um 1250, als Rudolf und Friedrich von Crumbach das Gemäuer ausbauten. Den Burgnamen legten sie sich erst später zu.

»Pack an, Fritz«, sagt Matthias Sponagel aufmunternd zu einem der beiden schwarzen Wallache, und im Galopp geht es über den weichen Waldboden. Der Hufschlag klingt gedämpft auf dem Laub, und oben fliegen die Herbstfarben der Bäume vorbei. Wir passieren den fallenden Bach, der sich munter aus sieben oder acht Metern Höhe hinunterstürzt, und erreichen bald den Wildweibchenstein, eine Felsenformation, die vom Weg aus gesehen zunächst nicht viel hermacht. Aber je näher man kommt, desto imposanter wird sie, denn nach wenigen Schritten fällt der Hang steil ab, und es sieht aus, als hätten Riesen einige große Murmeln in den Berg gesteckt.

Am Wildweibchenstein treffen wir uns mit Jürgen Katzenmeier. Der ist Koch und Wirt in der »Freiheit«, einem Gasthaus am Ende des Waldweges – nur etwa zehn Minuten vom Wildweibchenstein entfernt. Herr Katzenmeier lebt und arbeitet nicht nur hier, er ist in dieser Gegend auch groß geworden, und der Wildweibchenstein war neben der Burgruine Rodenstein einer seiner Kinderspielplätze.

Einst sollen am Fuße jenes geheimnisvollen Steins zwei wilde Kräuterweiblein in einer Höhle gehaust haben. Warum sie wild waren und warum sie hausen mussten, lässt sich heute schlecht erklären, aber so geht nun mal die Geschichte. Offenbar lebten die beiden in guter Nachbarschaft zu den Bauern der Gegend, denn es blühte das Tauschgeschäft: Die Weiblein bekamen Brot, und die Bauern Medizin und gute Ratschläge. In einer der Geschichten über die Weiblein taucht folgender Vers auf: »Wenn die Bauern wüssten, zu was die wilden weißen Haiden und die wilden weißen Selben gut sind, dann könnten sie mit silbernen Karsten hacken!«

Jürgen Katzenmeier sagt lachend das Sprüchlein auf und meint, dass die Bauern eben leider nicht so schlau waren wie später die Pharmaindustrie, weswegen die Karsten der Bauern auch heute noch aus Eisen und nicht aus Silber sind, während sich die Tabletten- und Salbenfürsten die Türklinken vergolden lassen.

Aber es wäre doch gelacht, wenn es nicht mindestens eine Geschichte gäbe, in der Ritter Hans und die wilden Weiblein gemeinsam auftauchen – wo sie doch schon so nah beieinander hausten. Und tatsächlich sollen sich der Rodensteiner und eines der Weiblein etwas näher gekommen sein, was einen Knaben zur Folge hatte. Allerdings ließ sich der feine Ritter fortan nicht mehr am Wildweibchenstein blicken. Bis er eines viel späteren Tages doch wieder einmal eine Rast bei den großen Steinen einlegte und einschlief. Dabei fiel ihm wohl sein Hut herunter, denn geweckt wurde er von einer weiblichen Stimme, die sagte: »Willst du wohl deinem Vater den Hut aufheben!«, worauf ein blonder Knabe ihm die Kopfbedeckung reichte. Angeblich packte den wilden Ritter ein Gefühl von Reue, und er nahm die beiden mit auf seine Burg. Was dann aber aus dem anderen Weiblein wurde? – wir wissen es nicht.

Vom Wildweibchenstein bis zur »Freiheit« ist es, wie gesagt, nur ein Katzensprung, und da das Friesenteam geduldig gewartet hat, bringen uns Paul, Fritz und Herr Sponagel gerade noch um die Ecke bis vor das schöne große Fachwerkhaus mit den braunen Balken und seiner gelben Fassade. Neben der Eingangstür brennt inzwischen schon die kleine Laterne.

Ein wenig scheint es so, als stünde dieses Haus mit seiner großen Terrasse am Ende des Odenwaldes. Eine Straße führt zwar über Reichelsheim durch Laudenau hierher, aber dann endet sie auch, und nur über Waldwege und zu Fuß oder mit der Kutsche kommt man weiter.

Auch dieses Gasthaus hat eine Geschichte und seine Geschichten.

Der Name soll wohl daher kommen, dass an dieser Stelle die fahrenden Gesellen wirklich ihre Freiheit hatten und hier auch nicht vom Ortsbüttel behelligt werden durften.

Zu den Geschichten um die Freiheit gehören auch einige, die eng mit den in dieser Gegend damals sehr emsigen Räuberbanden zu tun haben. Die »Freiheit« galt Anfang des 19. Jahrhunderts als eine Art Hauptquartier. Hier traf man sich nach den Raubzügen, und hier wurde auch die Beute aufgeteilt. Angeblich ging das so, dass sich die Wirtstochter auf einen Stuhl stellte und sowohl die Beutestücke als auch den jeweiligen Empfänger ausrief.

Vermutlich waren bei dieser Art der Verteilung nicht viele »normale« Gäste anwesend. Für diese These spricht sicherlich nicht nur der Grundsatz strengster Geheimhaltung, sondern auch der Umstand, dass zu diesen Zeiten die »Freiheit« ganz sicher noch sehr viel weiter vom Rest der Welt entfernt war. Die Räuberbande übrigens wurde gefasst und 1814 in Darmstadt zum Tod durch das Schwert verurteilt. Damit brach der Wirtsfamilie vermutlich eine schöne Einnahmequelle weg; vielleicht aber war man auch nur froh, selbst mit dem Leben davongekommen zu sein.

Erstmals urkundlich erwähnt wurde das Haus im Wald am 13. Oktober 1456, und auch das lediglich, weil es dort eine wüste Prügelei gegeben haben muss, die mit eben jenem Datum beim Landgericht in Ober-Ramstadt verzeichnet wurde.

Heute ist die »Freiheit« ein friedliches und sehr beliebtes Ausflugsziel, und gerade an den Wochenenden ist der Parkplatz gut besetzt, und an den Hauswänden lehnen zahlreiche Fahrräder.

Gäste ans Ende des Odenwaldes zu locken, ist nicht ganz einfach, denn wegen der Tradition allein macht sich sicher niemand auf den Weg. Jürgen Katzenmeier als Inhaber, Wirt und Koch lässt sich daher ständig neue Speisefolgen einfallen: Im Herbst dominieren die Eintöpfe und das Wild, dann Gans und Ente, und zum Frühjahr hin wird die Kost wieder leichter.

An diesem letzten Wochenende im November ist »Hirsch in Kirsch« angesagt, Hirsch, ein bis zwei Wochen gebadet in Kirschmaische. Und da eben die Adventszeit unmittelbar vor der Tür steht, werden zum Kirschhirsch Lebkuchenspätzle gereicht. Und natürlich stammen die Lebkuchen aus der Bäckerei von Willi Baumann. Gleich am Wochenende nach der Ausstrahlung der Sendung verzichteten übrigens viele Gäste darauf, die Speisekarte zu lesen: »Hirsch in Kirsch« war der einzige Grund für die Reise.

Und noch ein Tipp vom Wirt: Sie sollten sich ruhig mal mit Taschenlampen eindecken und den Weg von der »Freiheit« zur Burgruine Rodenstein nach dem Abendessen im Dunkeln gehen – dann bekommt die Geschichte vom wilden Ritter noch mal einen ganz anderen Reiz.

Informationen auf einen Blick

Gasthaus »Zur Freiheit«.

Tourist Information Reichelsheim
Herr Niebel
Bismarckstraße 43
64385 Reichelsheim
Telefon 06164 50826
www.beerfurth.de

Weitere Informationen zur Region

Friesenteam Sponagel
Kutschfahrten mit Matthias Sponagel
Friesenteam Sponagel
Matthias Sponagel
Erbacherstraße 50a
64407 Fränkisch-Crumbach
Telefon 06164 5152800

Lebkuchenbäckerei Baumann
Willi Baumann
Marktplatz 8
64385 Reichelsheim-Beerfurth
Telefon 06164 2313
Öffnungszeiten:
September bis Dezember Montag bis Freitag 9–13 und 14–17 Uhr.

Odenwälder Gäulschesmacher
Harald Boos
Siegfriedstraße 60
64385 Reichelsheim-Beerfurth
Telefon 06164 1511
E-Mail info@gaeulschesmacher.de
www.gaeulschesmacher.de
Öffnungszeiten:
Montag, Mittwoch, Donnerstag und Freitag 9–18 Uhr, Samstag 9–14 Uhr, Sonntag 11–14 Uhr, Dienstag Ruhetag.

Gasthaus »Zur Freiheit«
Jürgen Katzenmeier
Freiheitsstraße 20
64385 Reichelsheim/Laudenau
Telefon 06164 1032
E-Mail gasthaus@zurfreiheit.de
www.zurfreiheit.de

Weitere interessante Webadressen aus der Region

www.reichelsheim.de
www.odenwald.de

Tour 14: Durchs Schlitzer Land zur Weihnachtszeit

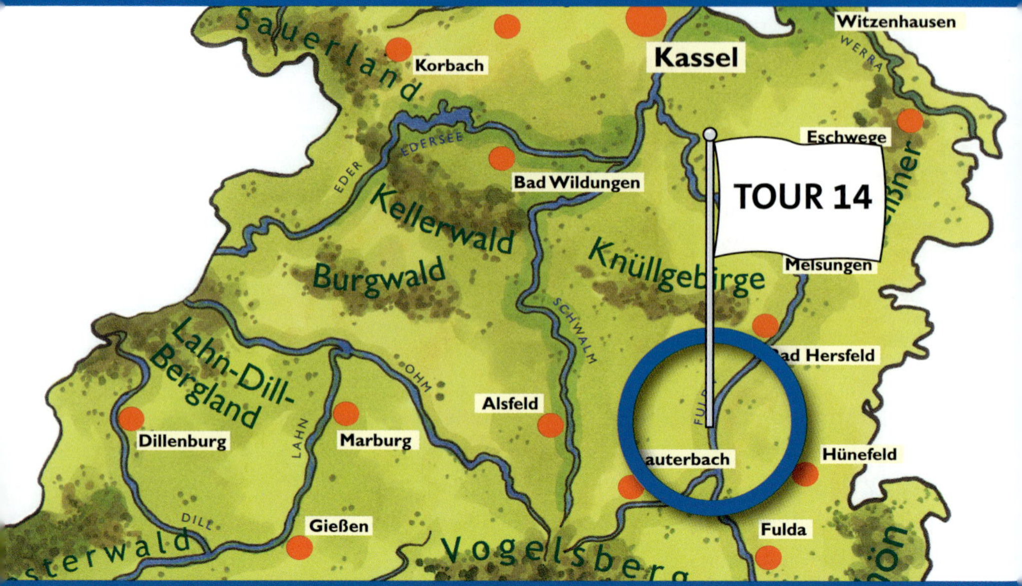

Das Schlitzer Land ist eine liebliche Region zwischen Vogelsberg und Rhön, für Wanderer und Radler ein Paradies. Zum einen gibt es etwa 160 km markierter Wanderwege rund um Schlitz, zum anderen den malerischen Fuldaradweg R1. Ein weiterer ist der R7a, der von Fulda bis zum Hoherodskopf im Naturpark Vogelsberg führt.

Wir durchqueren an diesem Tag das Schlitzerland entlang der Fulda, von Norden kommend nach Süden. Von Unter-Wegfurth über Rimbach und Queck bis nach Schlitz. Eine sehr schöne Strecke, die sich bequem zu Fuß bewältigen lässt und auf der man sich die Zeit nehmen sollte, auch mal den einen oder anderen Umweg über die Berge zu nehmen, um in das Tal hinunterzuschauen.

Dieser Morgen im Dezember beginnt außergewöhnlich, nämlich unter Schweinen. Besser gesagt, unter sehr neugierigen und zudringlichen Ferkeln. Die Ferkel gehören Gerd Adolph, den wir samt Bauernhof deshalb für das »Herrliche Hessen« ausgesucht haben, weil er im Schlitzerland der Einzige ist, der den kompletten Kreislauf von Zucht, Futter über Schlachtung bis hin zur Vermarktung in einer Hand hat.

Gerd Adolf also züchtet Rinder und Schweine, hat Wiesen, Felder und Weiden und ist gelernter Metzger. Die Ferkel werden nicht irgendwo in der Ferne gemacht oder per Injektion, sondern auf dem Hof. Dafür ist traditionell Eber Hans der Rastlose zuständig. Gerd Adolph beaufsichtigt den Vorgang und trägt dann den Termin ordnungsgemäß in sein großes Buch ein. Schließlich muss er wissen, wann die kleinen Ferkel schlüpfen – in aller Regel nach exakt 114 Tagen.

Bei 15 Mutterschweinen mit je zwei Würfen pro Jahr – das macht insgesamt etwa 300 freche und sauschlaue Ferkelchen. Und wenn so ein Schwein dann eines Tages seinen letzten Weg geht, legt es den buchstäblich zu Fuß zurück – und nicht in einem Viehtransporter: Vielleicht 20 Meter vom Stall bis ins Schlachthaus, da bleibt dem Schwein nun wirklich nicht viel Zeit sich aufzuregen. Wurst und Schinken stammen also von völlig entspannten Tieren, und wer sich mit dieser Materie etwas eingehender beschäftigt hat, wird wissen, wie wichtig das ist und wie es sich tatsächlich auf den Geschmack auswirkt.

Gerd Adolph arbeitet bei der Herstellung von Zervelatwurst, Schwartenmagen, Blutwurst, Leberwurst, reiner Rindswurst, grober Streichmettwurst, Lachsschinken, Speckschinken und Nussschinken nach alten Schlitzer Rezepten, und seine besondere Erfindung ist ein Ring von halb Blut-, halb Leberwurst in einem Darm, eine so genannte Kombiwurst – für die Unentschlossenen, wie er sagt.

Von Unter-Wegbach nehmen wir zunächst nicht den Weg an der Fulda entlang, sondern steigen hinauf zum Goldstein. Um den zu finden, braucht man entweder eine gute Wanderkarte oder einen Naturparkführer oder beides. Martin Tschierschnitz ist Naturparkführer und bringt einen mit vielen Informationen zu den schönsten Ecken

Dreharbeiten am Goldstein.

des Schlitzerlandes. Seine Anregung für den Goldstein: einen Handfeger mitnehmen.

Jener geheimnisvolle Goldstein liegt auf einem Berg, der gerade in den Herbst- und Wintermonaten etwas mühevoll zu erreichen ist. Zunächst ist der kleine Feldweg noch geteert und etwas später mit Split festgefahren. Der Anstieg über die Wiese bleibt sanft, bis der Waldrand erreicht ist. Hier lohnt es sich, noch einen Blick talwärts zu werfen, um sich dann dem Waldweg zuzuwenden.

Der sieht auf den ersten Blick und oberflächlich betrachtet ganz nett aus: breit, bemoost, von Waldmaschinen ausgefahren. Aber der Schein trügt. Niemand soll glauben, dass sich so ein Wildschwein ausschließlich im Dickicht aufhält. Die Waldwege zum Goldstein müssen von ganzen Wildschweinarmeen umgegraben worden sein, und man tut gut daran, lieber über das Moos zu laufen, auf vielen Wegen versinkt man sonst bis an die Knöchel. Einheimische werden diese Beschreibung vielleicht für arg übertrieben halten, aber an diesem Tag blieben wir mit zwei Geländewagen auf halbem Weg stecken. Und wir trafen eine Hundebesitzerin, die auch lieber den Weg neben dem Weg nahm.

Nicht weit von einer großen Kreuzung im Wald entfernt liegt er dann schließlich, der Goldstein. Ein hellgrauer Felsblock, vielleicht vier Meter lang, einen guten Meter hoch mit vielen ausgewaschenen Vertie-

fungen. Und um aus denen sauber das Laub zu entfernen, braucht man den Handfeger. Aber wer schleppt schon einen Handfeger im Rucksack mit, und warum sollte man Laub von einem Stein im Wald fegen?

An diesem Stein, so erzählt die Legende, soll vor mehr als 2000 Jahren die Heilige Familie auf ihrem Weg von Bethlehem nach Ägypten ein kleines Päuschen eingelegt haben. Einige Vertiefungen im Goldstein sollen die Spuren Marias sein, in einer etwas größeren wurde das Christkind gebadet. Man kann an dieser Stelle, vielleicht etwas unruhig geworden, den großen Weltatlas aus dem Regal holen, um nachzuschlagen, wie denn eine Reise von Israel nach Ägypten verlaufen würde. Der kürzeste Weg jedenfalls führt nicht über Schlitz.

Die Fulda bahnt sich ihren Weg durch das Schlitzerland.

Aber wer kannte vor 2000 Jahren schon den kürzesten Weg? Sehr wahrscheinlich war es eher eine Form von frühzeitlicher Touristenwerbung und vielleicht auch ein Kapitel der Auseinandersetzungen zwischen keltischem und christlichem Glauben. So eine kleine Reliquie in Form eines Knöchelchens hat ja jeder, aber einen solchen Stein? Der Stein war mit der Zeit so bedeutend und wertvoll geworden, dass die Mönche aus Fulda ihn gern gekauft hätten. Das machte ihn noch bedeutender. Angeblich haben sich die Schlitzer geweigert, und der Stein blieb, wo er noch heute liegt, hieß aber von nun an Goldstein. Und: Aus einem vermutlich keltischen Heiligtum war eine christliche Pilgerstätte geworden. Aber es gibt noch eine andere historische Bedeutung dieses Ortes: Er war vermutlich auch Gerichts- und Richtplatz.

Wir laufen tief beeindruckt den Berg wieder hinunter bis an die Fulda, die sich in vielen kleinen Mäandern träge durch das Tal windet, mit 218 Kilometern Hessens längster Flusslauf. Von der Wasserkuppe geht es über Fulda nach Schlitz und dann weiter über Bad Hersfeld, Rothenburg bis nach Hannoversch Münden, wo sich die Fulda mit der Werra zur Weser vereinigt. Aber bis dahin hat es das Wasser aus der Rhön noch ziemlich weit.

Früher gab es entlang des Flusses viele Fischer, die mit den Mönchen in Fulda gute Geschäfte machten. Gerade zur Fastenzeit war der Fischbedarf in Fulda enorm, und die Fischerknechte trugen die Ware in

Körben 25 Kilometer durch den Wald bergauf, bergab über den Fischerpfad in die bischöfliche Residenzstadt.

Diesen Weg gibt es noch heute als Wanderweg und bevor man auf der Höhe im Wald verschwindet, kann man noch einmal einen wunderschönen Blick zurück ins Tal werfen. Martin Tschierschnitz, der Naturparkführer, erzählt auch, dass dieser Handel nicht nur einen rein monetären Vorteil für die Fuldafischer hatte: Bei Krankheiten wurden sie bevorzugt auch in den Klöstern medizinisch behandelt.

In Rimbach führt eine Brücke mit schweren gebogenen Stahlträgern über den Fluss, und an einer kleinen T-Kreuzung biegt man kurz vor dem Berg nach rechts ab. Das ist der Rad- und Wanderweg, auf dem man nach wenigen hundert Metern an eine ehemalige Mühle gelangt. Es klappert die Mühle am rauschenden Bach … von wegen. Vielmehr heute dröhnen hin und wieder laute Hammerschläge über die Wiesen, denn in der Mühle arbeitet der Kunstschmied Jörg Kleine.

Der kann zwar auch stinknormale Hoftore und Zäune schmieden, aber eher sucht er die Herausforderung. Die liegt zum einen für ihn in der Restauration und dem Nachbau alter Kastenschlösser oder Beschläge, zum anderen in einer besonderen Art des Schmiedens. Gemeint ist die Kunst des Damastschmiedens. Wer sich die von Jörg Kleine geschmiedeten Messer ganz genau anschaut, wird auf der Oberfläche des Metalls seltsame, schöne, ineinander verschlungene Muster entdecken. Die entstehen bei dieser besonderen Art des Schmiedens.

Den Anfang bildet ein Metallblock aus verschiedenen übereinanderliegenden Metallschichten. Der Block wird erhitzt, auf dem Amboss gestreckt und dann gefaltet. So entstehen aus anfänglich acht schon mal 16 Schichten. Für ein Samuraischwert beispielsweise muss dieser Prozess viele hundert Male wiederholt werden. Dabei gehen die verschiedenen Metallhorizonte auch ineinander über und bilden dann am Ende jenes Muster. Eine sehr verkürzte Darstellung eines sehr langwierigen Prozesses, aber interessierte Wanderer können sich das bei Jörg Kleine selbst anschauen, und wenn's einen richtig gepackt

Der Fischerpfad

Er gehört heute zu den 160 Kilometern ausgewiesener Wanderwege durch die alte Grafschaft Schlitz. Ein uralter Verbindungsweg zwischen dem Fluss Fulda bei Fraurombach bergauf durch den Wald in die Stadt Fulda: Auf diesem Weg brachten früher die Fischer ihre Ware in die Domstadt zu den Mönchen, deren Fischbedarf gerade in der Fastenzeit enorm war. Über die Jahrhunderte hinweg wurde der Fischerpfad mal Fuldische Straße, Fuldapfad und Töpferpfad genannt. Heute ist es ein sehr abwechslungsreicher Weg mit einigen schönen Anstiegen, von denen aus man einen herrlichen Blick über das Fuldatal mit dem Schlitzland genießen kann.

Faszination für Groß und Klein: die Schlitzerländer Puppenbühne.

hat, dann lassen sich auch Schmiedekurse beim Meister belegen. Der sagt, dass Anfänger schon nach einem Tag ein recht passabel aussehendes Messer aus der Schmiede tragen.

Auf dieser Seite der Fulda geht es durch die Auen nach Queck. Das Fernsehteam legt für Dreharbeiten dort eine Rast ein, denn in Queck wohnt ein Puppenspieler-Ehepaar: Virginia und Stefan P. Maatz. In einem Puppenhaus – so sieht es jedenfalls von außen aus, und mit zwei Kameras, ein wenig Licht und der provisorisch aufgebauten kleinen Bühne ist das Wohnzimmer auch so voll, dass alle anderen Teammitglieder aus der Küche zuschauen müssen. Die Schlitzerländer Puppenbühne oder das »Theater con Cuore« spielt mit Hand-, Stab-, Stock- oder Tischfiguren. Ganz einfach und sehr professionell. Und märchenhaft. Die beiden Puppenspieler wird man in ihrem kleinen Haus eher selten antreffen, denn meistens sind sie auf Tournee.

Wer schon mal auf dieser Seite der Fulda wandert, sollte dort auch noch eine Weile bleiben und einen Ausflug nach Fraurombach machen. In der kleinen Kirche wurden sehr alte Malereien freigelegt. Wir haben nur deshalb keine Kamera dort hineingeschickt, weil die Sitzreihen eine sehr seltsame Anordnung haben und mehr Fragen aufwerfen, als man im Rahmen einer solchen Sendung beantworten kann. Durchgehend, ohne Mittelgang und weiß gestrichen. Der Denkmalschutz hat das wohl so gewollt, und darüber sind in dem Schlitzer Ortsteil schon viele derbe Späße gemacht worden, und so manche Faschingsveranstaltung in der Gegend lebt von diesen Sitzreihen.

Schlitz aus der Luft.

Aber auch der alte Dorfbrunnen ist sehenswert und das »Buisch ahl Hus«, das Dorfmuseum von Fraurombach. Seit Generationen haben Bauernfamilien in diesem Haus gelebt und gearbeitet. Dann stand das Haus leer und drohte zu verfallen. Hans Feick hat es restauriert und mit vielen Exponaten aus alter Zeit versehen. Heute ist jeder Raum eine eigene kleine Welt mit eigener Geschichte und Funktion.

Zwei kleine Brücken führen über die Fulda wieder zurück auf das Schlitzer Ufer: eine aus Holz und ein Stück weiter unten eine weitere, ganz alte aus Stein. Wer Zeit hat, sollte gleich hinter der steinernen Brücke nach rechts abbiegen und die Hänge hinaufsteigen. Von dort hat man zumindest im Spätherbst oder Winter einen guten Ausblick auf Schlitz, die Stadt mit den Burgen, der größten Weihnachtskerze der Welt und einem sehr romantischen Ensemble von großen und kleinen Fachwerkhäusern.

Unter Wanderern und Touristen gibt es ja ausgesprochene Fachwerkfanatiker, richtige Experten, für die jede Balkenverbindung einen Namen und jedes Ornament eine Bedeutung hat: Abwehr gegen Blitze und Hexen, gegen Hochwasser und andere Unbill. Nach ausgesprochen auffälligen Besonderheiten wird der Kenner in Schlitz vergeblich Ausschau halten, denn das städtebauliche Ensemble wirkt als Ganzes und nicht in Einzelstücken.

Im Grunde ist Schlitz wirklich eine einzige Aneinanderreihung von diversen Burgen. Auf dem Burgenring erwischt man sie alle: Vorderburg und Hinterburg, Ottoburg, Berlenburg und Schachtenburg, Schloss Hallenburg und die diversen

Tore und Mauern. Das liest sich vielleicht etwas gehetzt, war aber nur als kleiner Überblick gedacht, denn hinter jeder Burg verbirgt sich eine eigene Geschichte.

Seit dem Jahr 2003 beispielsweise hat das Schlitzer Museum, nachdem es ursprünglich in der Ottoburg untergebracht war, seine neue Heimat in der Vorderburg gefunden. Ursprünglich bestand die Sammlung aus Schenkungen und Leihgaben des Grafenhauses derer von Schlitz, später kamen viele Exponate der Schlitzerländer Bevölkerung hinzu. Heute beherbergt die Vorderburg etwa 2500 Exponate in den verschiedenen Räumen, wie Küche, Grafen-, Waffen-, Bauern- und Bürgerstube.

Dass an dieser Stelle auch die dreifunktionsfähigen Webstühle erwähnt werden müssen, hat etwas mit der Jahrhunderte alten Tradition der Leinenweberei in dieser Region zu tun. Schlitzer Leinen ist berühmt. So richtig in Schwung kam sie 1717, als der Reichsfreiherr Johann von Schlitz einen Damastweber in die Stadt holte. Das hatte ein mittleres Wirtschaftswunder zur Folge, das allerdings durch die napoleonischen Kriege Ende des 18. Jahrhunderts wieder zum Erliegen kam.

Urkundlich wird Schlitz 812 zum ersten Mal erwähnt, am 20. September genau, als auf dem Hügel eine Kirche geweiht wurde. Da die nachfolgenden Zeiten immer unruhiger wurden, begannen die Schlitzer, ihren Hügel nach und nach zu befestigen. 1418 wird die Ansiedlung bereits als Burgflecken bezeichnet, ab 1439 schon als Stadt. Die Stadtgeschichte kann man sich in Schlitz übrigens während eines Rundganges von einem Barden vorsingen lassen. Seit Asterix und Obelix haben Barden zwar einen etwas schlechten Ruf, aber der von Schlitz hat offenbar nicht die Qualitäten eines Troubadix – jedenfalls ist bislang von Fesselungsversuchen nichts bekannt geworden.

Wer es ohne Gesang mag, der wende sich an die Touristinformation von Schlitz, denn es gibt auch das gesprochene Wort zur Stadt und seiner Geschichte. Wir haben uns für Fritz Kumpf entschieden, der mit einem verschmitzten Lächeln Geschichte auf den Punkt bringt. Zum Beispiel darüber, dass die Schlitzer viel mehr trinken würden, wenn man sie denn nur ließe. Das hat nicht nur etwas mit der alten Schlitzer Kornbrennerei zu tun, deren alkoholisierte Wurzeln bis in das Jahr 1585 reichen. Überhaupt wurde in Schlitz gebrannt und gebraut, dass die Kessel glühten und an einer Stelle am Marktplatz ist eines der Häuser völlig untypisch seitlich gemauert. Wo der Durst anfängt, endet nämlich die Fachwerkidylle: an einer Brandmauer – falls mal wirklich das Feuer unter dem Kessel nicht mehr gebändigt werden kann. Eine größere Brauerei- und Schänkendichte als in Schlitz gab es wohl nirgends auf der Welt.

Der Gang durch die Altstadt versetzt den Besucher in eine andere

Zeit, ganz besonders an diesem Tag, der Eröffnung des Schlitzer Weihnachtsmarktes. Ein stimmungsvolles Bild auf dem Marktplatz: ein großer, geschmackvoll geputzter Baum, kleine Holzbuden, ringsherum die schönen Häuser und in der Luft ein Aroma zwischen Glühwein und Bratwurst – ein Bild aus einem Märchenbuch. Und als Extra, quasi als Zugabe, die größte Kerze der Welt: Mit Flamme ist sie 42 Meter hoch.

Pfiffige Schlitzer hatten vor einigen Jahren die Idee, den Hinterturm der Hinterburg mit rotem Stoff einzukleiden und oben einen leuchtenden Docht aufzusetzen. Was so einfach klingt, ist alljährlich ein größeres logistisches Unternehmen, bei dem die Feuerwehr ganz schön zu kämpfen hat.

Weihnachtsmarkt in Schlitz

Mit der größten Kerze der Welt und den Schlittenhunden am zweiten Marktwochenende hat dieser kleine Weihnachtsmarkt Besonderheiten, die ihn von allen anderen unterscheiden. Und es ist einer, den man nicht nur zum Bratwurstessen und Glühweintrinken besucht, sondern einer, der sich auf ganz erholsame Weise mit einem Spaziergang durch die Gassen der schönen alten Burgenstadt verbinden lässt – mit Vorderburg und Hinterturm, dem Schlosspark und den allgegenwärtigen Mauern. Lohnenswert ist auch ein Museumsbesuch in der Vorderburg oder in der Schlitzer Kornbrennerei. Und wer das Panorama aus direkter Nähe genießen möchte, dem sei eine Fahrt im Aufzug auf die größte Kerze der Welt sehr empfohlen.

Auch außerhalb der Weihnachtszeit kann man den Turm besteigen oder auch befahren. Er ist einer der wenigen, die mit einem Fahrstuhl ausgestattet sind. Zur Weihnachtszeit prägt in den Abendstunden die Kerze das Stadtbild schon von weitem. In der Dämmerung ein sehr schönes Bild. Eigentlich ist es für gewöhnlich eher so, dass die Städte und Gemeinden die Weihnachtsmärkte für die eigene Bevölkerung ausrichten. Nur wenige haben traditionell wirklich überregionale Bedeutung, wie die von Frankfurt, Wiesbaden, Darmstadt, Kassel oder Michelstadt. Gerade letzterer war im vergangenen Jahr von einem Marktforschungsinstitut zum schönsten unter den kleineren und mittleren Städten Deutschlands ermittelt worden.

Von der Anzahl der Verkaufsstände kann Schlitz nicht mithalten, aber es gibt auch einen sogenannten Lichterglanzfaktor, ein atmosphärisches Kriterium, und unter diesem Aspekt liegt die kleine Burgenstadt ganz weit vorn. Und zweifelsfrei könnte man auch beim reinen Marktcharakter den Michelstädtern Konkurrenz machen. Wenn man denn wollte und wenn man genügend Parkfläche hätte. So aber ist es ein kleiner, beschaulicher Markt mit vorweihnachtlicher Wohlfühlgarantie.

Alljährlich und traditionell am zweiten Adventswochenende hat sich Schlitz ein Ereignis geschaffen, das den ganzen Marktplatz füllt: Etwa 40 sibirische Schlittenhunde bringen den Nikolaus und diverse

Die größte Kerze der Welt auf dem Schlitzer Weihnachtsmarkt.

Engel auf den Marktplatz. Der Verein für nordische Hunderassen macht sich und den Besuchern alljährlich diesen Spaß. Züchter und Huskyliebhaber und deren Familien aus dem ganzen Bundesgebiet starten an diesem einen Tag eine richtige Vorführung. Da recken sich schon die Hälse, wenn diese Meute vier-, sechs und achtspännig durch die engen schlitzer Gassen jagt. Der Andrang ist so groß, dass die Feuerwehr auch hier helfend eingreifen muss. Absperrungen werden gespannt und die Feuerwehr muss wirklich aufpassen, dass sich der Taumel der Begeisterung in für die Hunde erträglichen Grenzen hält. So mancher mag nämlich mit seiner kleinen digitalen Kamera unbedingt dieses Bild festhalten, springt auf die Gasse, und dann wird es schon mitunter kritisch, denn so ein Gespann ist schnell, und ein ganz scharfes Ausweichmanöver lässt dann vielleicht auch den Nikolaus auf dem Schlitten wanken.

Übrigens trafen wir, natürlich keineswegs zufällig, unseren Metzger und Landwirt wieder, bei dem wir morgens unsere Reise durch das schöne Schlitzerland begonnen hatten. Zu den sonstigen Aromen kam also noch eins dazu, nämlich das von frischer Wurst und Räucherwaren.

Auch in Schlitz hatte das »Herrliche Hessen« wieder deutliche Spuren hinterlassen; die Geschichte über den Goldstein führte zu einer größeren Debatte unter den Heimatforschern, denn wenn einer was sagt, kommt für gewöhnlich auch gleich ein anderer und befindet, dass alles auch ganz anders gewesen sein könnte. Und Bauer Adolf ging am letzten Markttag schon um vier Uhr die Wurst aus – auch das größte Schwein ist mal zu Ende und ausverkauft.

Informationen auf einen Blick

Stadt Schlitz

Touristinfo Schlitz
An der Kirche 4
36110 Schlitz
Telefon 06642 97060
Telefax 06642 97056
E-Mail
heike.weber@schlitz-hessen.de
www.schlitz.de

Weitere Informationen zur Region

Schlitzerländer Wurst
Gerd Adolph
Landwirt und Metzgermeister
Niederjossaer Str. 23
36110 Schlitz/Unter-Wegfurth
Telefon 06625 1837

Goldstein Naturpark Hoher Vogelsberg
Geschäftsstelle
Martin Tschirschnitz
Am Hohenwiesenweg 1
63679 Schotten
Telefon 06044 2631
Telefax 06044 987465

Informationszentrum Hoherodskopf
Öffnungszeiten: Montag bis Freitag, 11–17 Uhr, an Wochenenden und Feiertagen 10–17 Uhr.
Telefon während der Öffnungszeiten: 06044 9669330.
Anfahrt: Der Goldstein liegt knapp zwei Kilometer westlich von Ober-Wegfurth, auf dem Hallstättberg im Rimbacher Forst.

Metallwerkstatt und Messerschmiede
Jörg Kleine
Zur Fuldamühle 2
36110 Schlitz-Rimbach
Telefon 06642 6943
Telefax 06642 911782
E-Mail info@joerg-kleine.de
www.joerg-kleine.de

Schlitzerländer Puppenbühne (Theater Con Cuore)
Virginia und Stefan P. Maatz
Birkenstraße 2
36110 Schlitz
Telefon/Telefax 06642 6602
E-Mail info@theater-con-cuore.de
www.schlitzerlaender-puppenbuehne.de

Historische Wandmalereien in Fraurombach
Evangelische Kirche und Dorfmuseum »Buisch ahl Huss«
Sandlofser Straße 2
36110 Schlitz-Fraurombach
Telefon 06642 367
E-Mail info@fraurombach.org
www.fraurombach.org
Führungen mit Hans-Günter Pfeiffer.

Schlitzer Museum
An der Vorderburg 1
36110 Schlitz
Telefon 06642 40420
Öffnungszeiten: April bis Oktober Dienstag bis Sonntag/Feiertag 14–16 Uhr, November bis März Samstag und Sonntag/Feiertag 14–16 Uhr. Für Gruppen besteht auch außerhalb der Öffnungszeiten die Möglichkeit einer Führung. Anmeldung Telefon 06642 97060 oder E-Mail info@schlitz.de.

Weihnachtsmarkt in Schlitz
Der Weihnachtsmarkt mit der größten Kerze der Welt. Öffnungszeiten: An allen Tagen im Advent, Markttreiben von 14–20 Uhr. Infos bei der Touristinfo Schlitz (s.o.).

Weitere interessante Webadressen aus der Region

www.naturpark-hoher-vogelsberg.de
www.wanderbares-deutschland.de

Wie das »Herrliche Hessen« entsteht

Das Konzept für die Sendung ist denkbar einfach und überschaubar: ein Tag von Sonnenauf- bis -untergang in einer möglichst kleinen Region, und das Pensum von 45 Sendeminuten wird wirklich an einem einzigen Tag gedreht. Meistens. Deshalb ist an den Aufzeichnungstagen unser Tross vergleichbar groß: vier Autos mit Kameraleuten, ein Beleuchtungsbus und ein oder zwei weitere Wagen mit Redaktion, Maske und Aufnahmeleitung.

Wer uns auf der Landstraße begegnet, fragt sich vermutlich: Was haben die denn vor? Aber: Dahinter steckt ein Plan. Zum Vergleich: Eine Reportage von 30 Minuten Länge wird mit einer Kamera an fünf bis sechs Tagen gedreht. Wir versuchen unsere 45 Minuten eben an einem Tag zu bewältigen. Eine echte Herausforderung bei jeder Produktion. Eine, manchmal zwei Kameras schwärmen aus, um die Landschaftsaufnahmen zu drehen. Die Kollegen werden ausgerüstet mit Kartenmaterial, auf denen die wichtigen Punkte vermerkt sind. Oder sie werden begleitet von einem Ortskundigen. Oft übernehmen freundlicherweise Wander- oder Naturparkführer diese Aufgabe.

Die beiden anderen Kameras, Ton, Licht und Maske sind mit den Aufnahmen von Gesprächen und Aktionen beschäftigt. Die Ausbeute pro Drehtag und Kamera: etwa zehn Kassetten mit je 30 Minuten Material. Macht zusammen fünf

Vorbereitungen auf die Sendung.

Stunden. Nur so schaffen wir es, diese 45 Minuten an einem einzigen Tag zu filmen.

Vermutlich ist Ihnen als Zuschauern das völlig egal – wir möchten jedenfalls, dass so ein »Herrliches Hessen« in seiner Umsetzung genau so aussehen soll, wie jeder andere einen Tag in einer Region erleben würde. Und dabei kann es eben sein, dass morgens die Sonne scheint, der Vormittag verregnet ist und zum Schluss das schönste Abendrot den Himmel zeichnet. Das ist zwar authentisch, auf der anderen Seite denken wir uns aber auch: Der Name »Herrliches Hessen« verpflichtet zu ständigem Sonnenschein. Kühe stehen auf grüner Weide und nicht im Schlamm, den Pferden hängt die Mähne nicht in Streifen vom Hals – die Bilder sehen freundlicher aus und ehrlich, die Arbeit macht ohne Regen wesentlich mehr Spaß. Aber auch die Technik mag Regen und Kälte nicht sonderlich. Das bekamen wir gleich bei der Premiere des »Herrlichen Hessens« in der Rhön zu spüren.

2. März 2006. In der Rhön lag Schnee. Je höher wir kamen, desto mehr. Das war noch nicht so schlimm, aber tagsüber schien die Sonne, und auf den Straßen begann es zu tauen. Auch gut, aber abends wollten wir wieder zurück auf die Enzianhütte zum Schorsch. Markus, ein Kamerakollege, war nachmittags bereits hochgefahren, hatte tapfer einen Kran auf der Terrasse aufgebaut und auch schon seine Kamera befestigt. Mit so einem Kamerakran lassen sich tolle Schwenks machen. Für den Zuschauer sieht es so aus, als könne die Kamera fliegen.

Das sehen Sie ...

Auf der Terrasse vor der Enzianhütte sollten die »Rhöner Säuwänst« spielen, Rhöner Mundart mit Bass, Schlagwerk und Akkordeon. Und das alles vor landschaftlich reizvoller Kulisse in den Sonnenunter-

... und das sehe ich!

Teamtransport einmal anders.

gang hinein. Soweit der Plan – fehlte nur noch der Rest des Trosses. Der lag mit den anderen Aufnahmen perfekt in der Zeit; wir mussten nur noch den Berg hoch.

Mit Anlauf und weil uns zum Glück niemand entgegenkam, schafften wir es auch, aber vor dem Parkplatz war Schluss. Das, was die Sonne tagsüber getaut hatte, war jetzt eine prima Eisbahn bei zehn Grad minus. Auf dem Parkplatz herrschte fröhliche Verzweiflung. Zwei junge Frauen warteten auf einen freien Platz, aber der Opel kam nicht von der Stelle. Die Reifen qualmten. Das ganze hr-Team schob Autos, den einen raus, den anderen rein. Die beiden jungen Frauen brachten wir nebst Golf zwar in die gewünschte Parklücke, aber mit ihren hohen Absätzen konnten sie sich keine zwei Meter vom Auto wegbewegen.

Und unsere eigenen Autos? Mit Decken und Anschieben brachten wir sie irgendwie unter, aber die Aktion hatte Zeit verschlungen. Eine Stunde, und die Sonne war auch weggerutscht. Markus konnte seinen Kran wieder abbauen, und alles sollte nun in der Hütte stattfinden. Das Umräumen und der Lichtaufbau waren kein Problem, dafür tauchte ein anderes auf: Draußen zehn Grad minus, innen 25 Grad plus. Kameras mögen das nicht: Sie beschlagen, und zwar von außen und leider auch von innen.

Nach einer weiteren Stunde des Wartens und ständigen Putzens ließ sich eine der Kameras überhaupt nicht mehr starten. Wenn man das umrechnet in ein Verhältnis von Aufwand und Nutzen …! Geplant waren drei Minuten für die Musik und etwa fünf für das anschließende Gespräch mit Wirt und Musikanten, inklusive Verabschiedung.

Kontrolliertes Chaos am Drehort.

Mit diesen acht Minuten waren wir alles in allem etwa dreieinhalb Stunden beschäftigt. Zum Glück spielten die Gäste in der Hütte tapfer mit, und dem Wirt sei Dank gab es alle halbe Stunde einen weiteren Stimmungsschub. Nur ein Metzgermeister war etwas angesäuert. Er hatte Ware auf den Berg geliefert und war nun durch unsere irgendwie hingeschobenen Autos vom Rest der Welt abgeschnitten. An einer solchen Stelle muss der Moderator dann einen spontanen Deeskalationsplan entwerfen, und nach einer halben Stunde fürsorglicher Betreuung, auch durch Schorsch, den Wirt, hielt der Metzger auch klaglos durch und lud mich in seine Metzgerei ein.

Vier Wochen später: Westerwald. Es sollte eine Frühlingssendung werden, aber es wurde eine kalte Schlammschlacht. Beim Bäumefällen liefen uns die Regentropfen über die Schutzhelme, eine Kamera fiel aus, eine neue wurde aus Frankfurt beschafft. Und wieder war es das Ende des Drehtages. Wir wollten in einer der Höhlen des Breitscheider Karstsystems drehen, deren Eingang an einem Berg lag, vielleicht 25 Meter über der Talsohle. Zum Glück gab es ein Geländer, an dem man sich einigermaßen, aber nicht gefahrlos hochziehen konnte.

Oben angekommen, stellte Jens, der Mann fürs gute Licht, fest, dass er noch einen weiteren Akku brauchte. Aber das war es noch immer nicht. Anfänglich spielte bei unseren Sendungen noch ein Wecker mit, ein Hahn made in China. Das kleine Kerlchen hatte eine Uhr, Batterien und einen Mechanismus, der es erst »Kikeriki« und dann »Good morning« krächzen ließ. Ich musste nur feinfühlig auf den

Kamm hauen. Bei den vorangegangenen Sendungen hatte sich das weiß-gelbe Hähnchen auch wacker geschlagen, aber nun drehte das technische Geflügel durch.

Die Kameras waren in Position, das Licht stand, ich lag in der Höhle auf meinem Schlafsack, und es kam das Kommando »und bitte, wann immer du willst«. Also drauf auf den Kamm, »Kikeriki«, und der Moderator wünschte einen guten Tag zum »Herrlichen Hessen«. Aber der Chinahahn hörte nicht mehr auf. Nun kann man locker durchziehen, etwas von Vogelgrippe einflechten und die Moderation zu Ende bringen, aber letztlich war es so schräg und laut, dass wir uns entschlossen abzubrechen.

Zweiter Versuch: Der Hahn blieb aufdringlich und krähte weiter. Der dritte Versuch sah vor, das Gerät nach dem ersten Laut blitzschnell unter den Schlafsack zu schieben

Und wer kann alles wieder sauber machen? Richtig: der Kameramann, dem sie aus der Hand gefallen ist!

und auf diese Weise nicht sichtbar die Batterien auszubauen, dabei aber natürlich weiterzusprechen. Sah komisch aus, funktionierte aber. Das war allerdings noch nicht der letzte Streich des kleinen Störenfrieds.

Nächste Moderation: ein Gespräch mit einem Höhlenforscher und dann gleich die Verabschiedung. Alle waren klatschnass und nach dem langen Tag schon ziemlich geschafft, aber die Aufnahme in der engen Höhle lief super, als mittendrin draußen die kleine fernöstliche Maschine zu quäken anhub. Im Höhlenausgang stand Kamerakollege Detlef, und an dem kam Axel, Redakteur und stolzer Hahnbesitzer (denn *mein* Hahn war das *nicht!*) nicht vorbei. Wir versuchten in der Nachbearbeitung des Tons, den Hahn zu filtern, aber ganz totzukriegen war er nicht.

Überhaupt ist die Arbeit mit Tieren nicht so ganz einfach. Und wir hatten schon einige im »Herrlichen Hessen«: Rentiere, Greifvögel, Schlittenhunde, Pferde, Kühe, Schweine, sechs Wochen alte Schweinchen, neugierig und verfressen. In dem kleinen Stall wuselten also neun Schweinchen, während sich Kameramann Detlef verzweifelt mühte, sein Stativ in die Ecke zu quetschen, das Stromkabel für die Beleuchtung von den Tieren fernzuhalten und dabei nicht angeknabbert zu werden. In weiser Voraussicht hatte er sich einen weißen Schutzanzug mitgenommen, um aus dem Stall wieder einigermaßen menschlich zu entkommen.

Der Moderator hielt sich angesichts der fröhlichen Zudringlichkeit dieser Ministeckdosen zunächst in sicherer Entfernung. Aber dann musste es sein, und es wurde der wildeste Anfang, den diese Sendung bislang hatte: Ein Schweinchen biss sich im Stiefel fest, ein weiteres nuckelte an der Hose, wieder ein anderes kletterte wacker auf einen Strohballen und fand den Ärmel meiner Jacke unheimlich lecker.

Inhaltlich und vom gesprochenen Wort her war dieser Start vielleicht nicht ganz vollendet, aber es sah gut aus. Die Wäsche musste anschließend zweimal durch die Maschine. Und die Schweinchen? Die hatten binnen der folgenden zehn Minuten den Moderations-Strohballen kunstvoll in seine Bestandteile zerlegt. Nur zwei Minuten hatte die wilde Horde für das Band gebraucht, mit dem das Stroh zusammengehalten wurde.

Da die Programmzeitschriften für ihre Ankündigungen einen Vorlauf von mindestens sechs, oft aber acht Wochen haben, müssen wir relativ früh in die Planung. Zumindest wird überlegt, wo die nächsten Sendungen stattfinden könnten. Zuschauerpost wird sortiert, es werden die Jahreszeiten bedacht. Im Herbst bietet sich der wegen der Lese der Rheingau an, im Winter die Rhön und der Vogelsberg. Spessart, Odenwald, Westerwald und Upland sind immer fotogen.

Da wir nur ein sehr kleines Redaktionsteam sind, in dem jeder noch andere Sendungen betreut,

Redakteur Axel Mugler behält das Wesentliche im Auge.

müssen wir uns natürlich darüber klar sein, welches Gespann für welche Sendung zuständig ist. Eine oder einer macht die Grobplanung: telefoniert, fährt in die Region, spricht mit den Menschen, die sich auskennen, trägt Themen zusammen. Da wir alle schon viele Jahre für den Hessischen Rundfunk im Regionalfernsehen arbeiten, ist keine der Sendungen wirklich ein Neustart, dennoch versuchen wir immer etwas zu finden, das noch nicht über den Bildschirm geflimmert ist, also eine Mischung aus Bekanntem und Neuem zu finden.

Man kann schwerlich eine Sendung über Michelstadt machen und dabei Deutschlands ältestes Fachwerkrathaus außen vor lassen. Das geht einfach nicht. Fritzlar geht nicht ohne Bonifatius, und Fulda nicht ohne Dom. Außerdem gehen wir auch davon aus, dass sich die Zuschauer freuen, wenn sie etwas sehen, das sie kennen. Für uns

Im Sender wird das Rohmaterial zu einem Film zusammengeschnitten.

kommt es dann eben darauf an, es so zu zeigen, wie es die Zuschauer vielleicht noch nicht gesehen haben. Das betrifft in großem Maße natürlich in erster Linie jene, die in der Region wohnen. Schön ist es, wenn wir hinterher Äußerungen hören wie: »Wir wohnen wohl dort und fahren jeden Tag daran vorbei, aber jetzt haben wir gesehen, wie schön es bei uns ist.«

Aber zurück zur Planung. Sind die Themen besprochen und stehen die Gesprächspartner fest, wird überlegt, auf welche Weise ein solches Gespräch stattfinden könnte. Wir sind in der Feinplanung, die ich gern an einem einfachen Beispiel verdeutlichen würde, an der Lahn. Es soll um Marmor in Villmar gehen, um die Burg Runkel, vieles andere mehr und natürlich um den Fluss. Die einfachste Verbindung läuft natürlich über das Wasser. Kanufahrten sind ein touristischer Renner, das haben wir aber schon unzählige Male gesendet. Man könnte alles ausschließlich vom Ufer aus filmen oder man fährt mit einem Boot einfach so flussabwärts – zu langweilig und inhaltlich nicht sehr ergiebig.

Aber dann: Zuständig für die Sicherheit auf der Lahn und leider auch teilweise für die Entsorgung touristischer Abfälle ist die Deutsche Lebensrettungsgesellschaft. Ein Anruf, ein Treffen und einmal Abfahren der Strecke. Die freundlichen Kollegen opferten einen sonnigen Samstagvormittag und tuckerten mit uns übers Wasser, während im Boot ein Gespräch stattfand über Sehenswürdigkeiten, landschaftliche Schönheiten und natürlich das Hauptthema für die DLRG:

Sicherheit und Leichtsinn auf der Lahn. In einem anderen Boot folgte das zweite Kamerateam.

Und so wird Tröpfchen für Tröpfchen zusammengetragen. In der Zwischenzeit organisiert die Produktionsabteilung Technik und Personal. Gern würden wir immer mit dem gleichen Team arbeiten, aber das geht natürlich nicht immer: Urlaub, Krankheit, andere Dienste. Aber überwiegend bleibt die kleine Mann- und Frauschaft stabil: Vier Kameras, Ton, Beleuchter, Maske, Redaktion, Moderator, manchmal und in schwierigen organisatorischen Fällen nehmen wir auch einen Aufnahmeleiter mit.

Mit einem der Kameraleute gibt es dann noch eine gemeinschaftliche Motivbesichtigung, denn es sollte schon vorher klar sein, wer wo steht, was an welcher Stelle passiert, wie das Licht stehen müsste, ohne dass die Kameras lange Schatten auf das zu filmende Objekt werfen – manchmal sehr kompliziert.

Weil wir insbesondere wegen der kurzen Tage im Winter doch nicht das ganze Programm an einem Tag schaffen, beginnen wir die Aufzeichnung schon am Freitagnachmittag. Nach einer intensiven Besprechung packen alle ihr Werkzeug, und los geht's. Die acht, manchmal auch zehn gedrehten Kassetten werden im Funkhaus schließlich in den Computer geschaufelt, das heißt digital überspielt, und es beginnt der Schnitt. Bis alles aneinanderhängt, mit der richtigen Musik unterlegt ist und alle Grafiken und Schriften eingesetzt sind, dauert es ziemlich genau vier Tage, und das ist sehr knapp bemessen.

Am fünften Tag wandert das beinahe fertige »Herrliche Hessen« in die Farbkorrektur. Das ist deshalb notwendig, weil jede Kamera, auch wenn man sie noch so sehr aneinander angleicht, technisch gesehen andere Farbnuancen erzeugt, mal mehr, mal weniger, mal kaum sichtbare. An dieser Stelle werden solche Unterschiede ausgeglichen, bevor am sechsten und letzten Tag die Synchronisation im Studio erfolgt.

Zum besseren Verständnis: An dieser Stelle werden unter anderem die unterschiedlichen Lautstärkepegel angepasst. Das heißt: So ein kleines Bächlein hört man im Film schon eine kurze Zeit lang, bevor man es sieht, und noch ein kleines Weilchen, nachdem das Bild schon durch das nächste ersetzt wurde. Solche Geräusche sollen von der Musik möglichst nicht erschlagen werden, also wird auch diese etwas leiser geregelt. Dann Kommentar darauf gesprochen, mischen, Stempel drauf und fertig.

Erst nach diesen drei bis vier Stunden wird die fertige Sendekassette in die MAZ (»magnetische Aufzeichnung«) getragen, wo sie pünktlich eingestartet und gesendet wird. Im Prinzip ist »Herrliches Hessen« vom zeitlichen Aufwand her eine außergewöhnlich knapp bemessene Sendung. Da darf nicht viel schiefgehen.

Überraschend schnell hat sich diese Sendung in Hessen herumgesprochen. Ein freundliches Land- und Leuteformat, das weder familiären Untiefen auf der Spur ist noch Korruption und Kriminaldelikte aufdecken will. Wir werden freundlich auf- und angenommen, ohne Misstrauen. Mehr noch: Die Einladungen, die ständig bei uns eingehen, werden nicht weniger. Das Themenangebot ist also groß und die Auswahl fällt schwer.

Wer kommt infrage, wer transportiert ein Thema freundlich, sympathisch, mit Begeisterung? So, dass man gern zuhört und dem gesprochenen Wort auch gern folgt? Viele können das sofort. Ob da eine Kamera steht oder nicht – das ist völlig egal. Bei einigen muss man sacht nachhelfen, vielleicht auch mal einen Widerspruch provozieren.

Und dann gibt es noch jene, deren Wissen so umfangreich ist, dass es außerordentlich schwer wird, ein Gespräch thematisch einzugrenzen oder gar zu lenken. Und jeder, der ein Spezialgebiet hat, wird das verstehen können. Denken Sie mal nach: Plötzlich fragt Sie wer, wie dies und jenes eigentlich funktioniert. Nachdem sich ausführlich den Kopf gekratzt wurde, nicht ohne dabei geseufzt zu haben, wo man da jetzt nun anfangen solle, kann eine Antwort ganz schnell aus den Fugen geraten.

Sie mögen es mir verzeihen, aber Lehrer und Historiker stellen da einen beachtlichen Teil der etwas betreuungsintensiveren Gäste. Ganz schnell wird die nachgefragte Situation verlassen, denn schließlich müssen auch die Jahre davor und danach besprochen werden, denn Geschichte ist ja ein Prozess. Und wenn man Pech hat, ist sie nicht nur ein zeitlicher, sondern auch ein geografischer Prozess. Lehrer und andere Geschichtsinteressierte können mühelos mit einem Ereignis an der Quelle beginnen, um dann quer durch Europa, über den Atlantik nach Amerika zu gelangen. Zweierlei Probleme tun sich da auf: Sie kommen zum einen nie mehr zurück, und es ist zwar herrlich, aber schon lange nicht mehr hessisch. Daher versuchen wir, den Inhalt eines solchen Gespräches vorher genau zu besprechen, vielleicht schon bei der Vorrecherche, damit nicht die Gefahr droht, dass aus dem Gespräch ein Vortrag für ein Fachpublikum wird.

Natürlich versuchen wir diese Sendung für all jene zu machen, die sich für Hessen in engerem und für die Heimat im weiteren Sinne interessieren. Die letzten Ergebnisse der Medienforschung in einem noch nicht ganz abgeschlossenen Monitoring zeigen, dass wir mit der Sendung auf einem guten Weg sind. Dabei haben uns unsere Zuschauer und ihre Meinungen sehr geholfen und werden es nach der Lektüre dieses Büchleins hoffentlich auch weiterhin tun.

Ich kann nur sagen: Danke, dass Sie »Herrliches Hessen« schauen, und danke, dass Sie beim Lesen so weit gekommen sind. Vielleicht haben Sie ja auch von hinten begonnen.

Ortsregister

Fotonachweis

Tour 1: Die wunderschöne Rhön rund um Poppenhausen
Seite 9: Enzianhütte; *Seite 11:* Reinhard Schall; *Seite 13, 15, 17, 19:* Gemeinde Poppenhausen

Tour 2: Unterwegs am Rhein um Rüdesheim und Lorch
Seite 21: Stadt Rüdesheim; *Seite 22:* Rüdesheim; Drosselgasse: Stadt Rüdesheim; *Seite 23:* Hotel Lindenwirt; *Seite 24, 25, 26, 27:* Tourist AG Rüdesheim; *Seite 29:* Reinhard Schall

Tour 3: Der Hohe Meißner und die Hessische Schweiz
Seite 33, 34: Reinhard Schall; *Seite 35, 36:* Marco Lenarduzzi; *Seite 38, 39, 40, 41, 43:* Atelier Blume Waldkappel

Tour 4: Ein Tag in und um Michelstadt im Odenwald
Seite 45: Stadt Michelstadt; *Seite 46, 49:* Guido Schieck; *Seite 47:* Reinhard Schall

Tour 5: Die Bergstraße von Zwingenberg bis Auerbach
Seite 55: Parkhotel Herrenhaus; *Seite 57, 58:* Schloss Auerbach; *Seite 60:* Stadt Bensheim; *Seite 61:* Ludwig März

Tour 6: Durch den Spessart nach Gelnhausen
Seite 65, 66, 67, 69, 72: Reinhard Schall; *Seite 70:* Gerlinde Kay

Tour 7: Entlang der Lahn nach Runkel
Seite 77: Lahn-Marmor Museum Villmar; *Seite 79:* Stadt Runkel; *Seite 80:* Lahn Marmor Museum Villmar; *Seite 81:* M. Schnierer; *Seite 82:* M. Schäfer; *Seite 84, 85:* Dr. Dorn

Tour 8: Fritzlar, Felsberg und das Land der tausend Hügel
Seite 89, 90: Thomas Schmidt; *Seite 91, 92, 95, 96, 99:* Stadt Fritzlar

Tour 9: An der Neckarschleife
Seite 101, 102, 103, 104, 107: Reinhard Schall

Tour 10: Eine Reise durch das sommerliche Upland zum Diemelsee
Seite 111, 113, 121: Tourist Information Willingen; *Seite 114:* Ute von der Heide; *Seite 116:* Tourist Information Diemelsee

Tour 11: Waldhessen, Bad Hersfeld und das Lullusfest
Seite 123, 125 oben, 126, 129: Tourist Information Bad Hersfeld; *Seite 125 unten:* Berthold Schmidt

Tour 12: Der märchenhafte Reinhardswald
Seite 135, 136, 138: Tourist Information Hofgeismar; *Seite 137, 143:* Harald Schmidt, Trendelburg; *Seite 139, 140:* Ingrid Vossen; *Seite 141:* Kirsten Scheffel

Tour 13: Ein Tag in und um Beerfurth im Odenwald
Seite 145: Reinhard Schall; *Seite 147:* Wolfgang Hörnlein; *Seite 148, 149:* Ralf Boos; *Seite 150, 153:* Jürgen Katzenmeier

Tour 14: Durchs Schlitzerland zur Weihnachtszeit
Seite 155, 157, 159, 163, 165: Reinhard Schall; *Seite 160:* Bernhard Diehl

Wie das Herrliche Hessen entsteht
Seite 166, 167, 168, 169, 170, 171, 172: Reinhard Schall; *Seite 167:* Dominik Schunck